青史有意

黄秀芳 著

北京联合出版公司
Beijing United Publishing Co Ltd

目 录

序

　　《中华遗产》已经创办十余年时间了，这是一本以介绍中国传统文化为宗旨，图文并茂的优秀刊物。正如刊物题头所表述的"梳理华夏文明，叩击历史星空"，《中华遗产》正是体现了这样的宗旨。

　　由于涉猎极其广泛，因此每一期的《中华遗产》都会有个鲜明的中心主题，围绕着这个主题组织一系列的有关文章，也就是每期刊物的中心内容。也正因此，开宗明义，每一期针对刊物的本期主题都会有篇卷首语，十年耕耘，暑往寒来，集腋成裘，这就是我们今天看到的这本图书。

　　承《中华遗产》抬爱，我曾经为这本刊物写过一年时间的专栏，也因此认识了刊物的主编黄秀芳女士。黄秀芳毕业于厦门大学中文系，是一位非常好学用功的人。在我们多年的接触中，我深知她创办《中华遗产》的艰辛。也正是由于这本刊物所涉及的内容过于浩瀚，史学、文学、考古学、地理学、博物学乃至科技史和社会生活史的方方面面，无不囊括其中，其信息含量之大，确实达到了"再现最美中国"的文化传承目的。每期刊物从构思立意到文稿的组织，都是难度很大的工作，因此，更需要刊物有极强的人脉，联系诸多领域的作者，黄秀芳作为该刊的主编，逐渐能在不同的界别打开局面，殊为难能可贵。

《中华遗产》的每期卷首语都是由她亲自撰写，不管是什么中心主题，都写得十分精彩，绝对不是对内容的泛泛介绍，从标题的确定，到文字的撰写，无不体现了编者独具的匠心。每次寄来的刊物，我都会认真地拜读她写的文字，但却总是在阅读整个内容之后再去读她的卷首语，这已经形成了一种习惯。我不想让她的卷首语带我去"导读"每期的中心内容，也不想让她的卷首语给我先入为主的印象。但是，当我浏览通篇中心内容之后，却总会不由自主地去看她写的卷首语。

也正是如此，我才越发觉得她写的文字不是空泛之言。

她的文笔很好，绝对没有造作之感，也没有矫饰之嫌，却经常能引经据典，旁征博引，甚至出现美学与哲学的思绪，颇见功力。也时有纵横捭阖，抉隐发微的探索，甚至中外文化比较的表述。她的卷首语很有自己的见地，在很多文字中，她也会抒发独到的见解和情感，而绝非是强加给读者的"导读"。在这里，她似乎不是刊物的编者，而是写出一个普通读者的感受。

她写的卷首语对主题内容的切入点把握得很准确，尤其是在了解了整个期刊主题内容之后再去读，往往会有同感，或许也会有你不曾想到的问题。每于斯时，才会感到卷首语的精彩。

黄秀芳是个事业型的女士，无论是办刊的艰辛，还是生活中的打击，都没有动摇她的进取精神，这令我十分感动。

《中华遗产》有着普及通俗的一面，也有着学术精深的一面，这在普及型刊物中是非常难得的。我不太愿意用"雅俗共赏"这样的词汇，因为这本刊物是求知者的净土，是文化传播的画卷，不存在什么雅与俗的问题。我想，读者大概也会有这样的体会。

今天，十分欣慰地看到黄秀芳十年来的卷首语能够结集出版，或许这正是对她辛勤耕耘的回报。几年前，我就曾经说过，希望她能将多年以来撰写的《中华遗产》卷首语整理成书出版。因为这些文章并非是一种刊物的弁言，而是她对中国不同门类的传统文化的见解之作。从这些文字中，可以看到她对华夏文明深邃的爱，对博大精深历史文化的情。实际上，这些独立成篇的文字完全可以游离于刊物之外，成为一部体裁独特的文化随笔。

如果读者能由此对《中华遗产》产生阅读的兴趣，我想，或许这是黄秀芳最大的愿望与企盼。因为她爱这本刊物更胜过爱自己。

赵珩

戊戌新岁于毂外书屋

自序

　　十年前——2007 年 12 月的一天，社长李栓科把我找去，然后开门见山地说："我们要接手一本新刊《中华遗产》，你来做主编怎样？"《中华遗产》原为中华书局主办，交由中国国家地理杂志社出版制作，是看重《中国国家地理》的品质。事发突然，没有丝毫准备，但我想了想，还是同意了。因为这是一本历史人文月刊，属于我的喜好范畴。不过我说："我先试试，不合适的话，您随时换人。"不料，这一试，就是十年。

　　十年如一日只做一本杂志；十年如一日的每月要写一篇卷首语，很多人说"太不可思议了"，自己想想，也是不可思议。是什么样的力量能让自己坚持这么久呢？毫无疑问，是历史的魅力，传统中国的魅力。

　　《中华遗产》杂志有一个先天的缺陷，很多人天然地不喜欢"遗产"这两个字，认为遗产难免与死亡关连。在我接手

《中华遗产》时，被媒体曝光或者说报道的，也大都是濒临灭绝、消亡的遗产，诸如某一种工艺，某一座建筑，某一处遗址。是需要人们努力挽救与保护的对象。现状与前景都是一片黯淡。写的人，向社会高声疾呼，声嘶力竭；看的人哀婉、叹息，爱莫能助。这样的"遗产"，确实让人越看越萎靡。

中国有五千年的文明史，有难以计数的发明创造，有富有东方特色的传统文化，它们都是"中华遗产"，它们又何曾是濒临灭绝与消亡的？不仅不是，而且还如血液如基因般，流淌在每一位中国人的身上，构成了"中国"的内涵与外延，让中华文明绵延有续，并格外独到。如果《中华遗产》能够完美、完整有序地将它们挖掘、呈现、传播，就是在用一本杂志塑造一个传统的中国，一个文化的中国。我把自己能有幸从事于开掘、弘扬中华遗产——中华宝藏的工作，视为上苍对我的厚爱。而这样的工作，值得十年、二十年乃至更长久地一直做下去。

　　每一期杂志，我们都要讲述一种中华遗产。如果要细分，有物质遗产和非物质遗产，有精神遗产和技术遗产，有记忆遗产和口头遗产。儒释道是遗产，铜锅铜碗、琢玉烧瓷也是遗产。

　　在挖掘中华遗产的价值、文化与美感时，每一次都会不由自主地被它们打动。潜移默化地，就接受了如大海般浩瀚、深邃的历史与文化的滋养。每一个月，当杂志即将付梓时，我都会沉下心来想一想，这一次，历史又告诉了我什么，我又有什么要告诉我的读者或后来人？我从中华遗产里汲取的一点心得与体会，是否有反哺与留存的价值？而这，就是我写卷首语的出发点与原则，虽然远没有到"语不惊人死不休"的程度，但也是发自肺腑，杜鹃啼血了。

　　感谢《中华遗产》以及与我一同与它为伍的伙伴。感谢喜爱《中华遗产》的读者。感谢那些鼓励我将卷首语结集出书的老师、朋友。感谢，让我遇到了最美的中华遗产。

寻
史

中国有多久

最近听到的两句话都让我很吃惊。一句是一位白领小姐说的。她说她不喜欢考古，"考古和我有什么关系？"她问。另一句是朋友转述一位意大利人的话。意大利人说中国人很奇怪，总觉得自己被西方国家欺负了。对受屈辱的历史耿耿于怀。其实，近代的中国人和当代中国人不是一回事啊。

这两句话角度不同，但反映的实质一样，把历史割裂开来了。

考古是一种工作，所以不喜欢考古理由正当。但若说考古和人们没有关系就欠妥了。考古工作相当于拼图，用中国大地上发现的东西，拼出一个中国历史，或者说是中华文明的历史。因此，如果有人说中国历史和你没有关系，那就和意大利人的看法一样：历史的中国和当代中国无关。

中国的历史和中国人有关吗？历史的中国和当代中国无关吗？还是用考古故事说话吧。

2010 年，中国社会科学院考古研究所在首都博物馆举办其成立 60 周年成果展，很多文物首次面世。一个彩绘蟠龙纹陶盘抓住了我的目光，那龙像蛇形，盘卷着，与我们通常所见有很大差异。彩陶龙盘，出自山西襄汾县陶寺遗址大墓。引人瞩目的是，6 座大墓中的 5 座里都有这样一个彩陶龙盘。但凡是规律性的东西，一定有其特殊含意。

陶寺遗址的年代，约为公元前 2300 年上下，属于中原龙山文化（公元前 2600—前 2000 年），上承仰韶文化（公元前 5000—前 2500 年），其所呈现的文化特征，是融合二者。但彩绘蟠龙纹陶盘图案，有学者认为源于东北辽河流域的红山文化（公元前4000—前 3000 年）。红山文化的因子，是如何来到中原的？

考古学家苏秉琦根据考古实证认为，距今 5000 年时期，仰韶文化和红山文化，在今山西、河北北部的桑干河处交汇，碰撞出文明的火花。于是，你中有我，我中有你——在承继了仰韶文化的陶寺文化里，自然就有红山文化的影子。

红山文化中的玉雕龙形象，几乎家喻户晓。那是祭祀自然神、天神时的礼仪用器，乃具有特殊身份的人所使用。在陶寺，龙盘现于大墓，意义相同。

陶寺之后怎样了，有下文吗？

颇为巧合的是，在首博展厅里，离龙纹陶盘几步之遥的墙上，挂着一幅巨幅照片，一条绿龙，游动在上，俯视众生。那是出土于河南偃师二里头遗址的绿松石龙形器，其长约65厘米，全身由2000余片各种形状的绿松石片组成。考古人员说，绿松石原先可能粘嵌在木、革之类的有机物上，斜放在墓主人右臂上，被拥揽着。

主持二里头考古工作的许宏先生著有《最早的中国》一书，书中说，有学者称这一龙形器为"龙牌"，而日本学者将它称作"龙杖"或"龙形杖"（称其为杖，意味分明，即权杖之意）。还有的学者认为它是早期的旌旗。《诗经》中有周王祭祀场景的描写："龙旗阳阳，和铃央央。"而在二里头龙形器上，确实放有一个铜铃。诗里"龙旗"与"铃"对举，墓中龙牌与铜铃共存，这不会只是一种巧合。许宏先生说，墓主人当是供职于王朝的巫师，其所佩龙旗，有引领亡灵升天的宗教意义。

二里头遗址的年代上限约为公元前1800年，属于夏朝纪年范围，但其上似乎难承陶寺文化。像是专为解决这一问题似的，2001 年，中国社科院考古所又在河南新密发现新砦遗址，从中出土了一件陶器盖，盖上刻有兽面纹，发掘者称其为饕餮纹。如果把新砦遗址的饕餮纹，与二里头的龙形器两相对照，二者的相似性一目了然。新砦遗址是由中原龙山文化向二里头文化演进的过渡期文化。

到此为止，根据各方学者的研究成果，我想梳理一下上述几处遗址的年代承续关系：陶寺遗址，可能为尧舜之都；新砦遗址，可能为夏启之都；二里头遗址，为夏朝范围。二里头遗址上，还叠压了一处二里岗遗存，而那已经属于殷商——一条关于龙的且并不全面的传承之线，如此清晰分明。而由此往下，周秦汉唐，各朝各代，龙的观念意识，深入中华。

说龙的考古故事，目的仅有一点：考古与每个人紧密相关，如果你认同中国文化，你的血液里，就定有历史的痕迹。中华文明因其绵延不绝的特点，使得无论怎样改朝换代，核心文化始终不变。由此，中国人不会认为古代中国、近代中国，就不是中国。

2010 年 11 月号
"中国之前的中国"

春秋争霸，为何不是「分」而是「合」？

很多人都有这样的疑问：当周王室衰微时，列国争来争去，为何最终却没有走向分裂？埋头做了些功课后，我有了一点小心得。答案是这与西周兴创的封建制与宗法制有关。

商朝立世 500 多年，也曾创造了王天下的局面，故周武王灭商，可谓小虾吃大鱼，小邦国灭大邑商。如何服众？周人首先要解决两件事：一是周王朝的合法性；二是建立有效的控制，以统治庞大的中国。

对于前者，周人用"天命"观来解决："天命靡常，惟德是辅。"周人说，超越人间一切权威的天，在选择统治天下的人选时，以德性为标准。因此周人得到天命，是天对其德性的肯定。言下之意就是，周人的统治地位无可置疑。

解决了"身份"的合法性问题后，周人的另一手段就是"封建亲戚，以藩屏周"——武王将他的同姓子弟、亲戚、异姓功臣以及古代先王圣贤的后代，分到周边，一人给一块地盘、一些民众、一点用器，建立各自的诸侯国。闲时生产、战时卫君。

为了稳定，周还确定了传位之制：不论贤德，以嫡子中的长子继承王位。用嫡庶之制的目的在于息争。嫡庶之制如何能避免纠纷？周人说了，贤由人定，嫡长则由天定，人定者争，天定则不争。想继承王位？就看你有没有这个命了。

由是产生了宗法制：嫡长子继承王位的天子是大宗，其同母或庶母兄弟则被封为诸侯，乃小宗。在诸侯国内，也遵循这一规定：嫡长子继承爵位，为大宗；其同母或庶母兄弟被封为卿大夫，是小宗（不过卿大夫不能世袭）。小宗服从大宗。周王室既是诸侯的君主，又是大宗，具有双重权威。

现在我们可以看到这一制度的奥妙了：在政治权威上，天子、诸侯、卿大夫之间的关系，分别是"尊尊""亲亲""贤贤"，犹如一座金字塔，稳如泰山；而血缘传承与相互间的通婚，又使这一群体成为不可分割的宗亲网络，如大

　　　　　　　　　　　　　　青史有意

树般盘根错节。到最后，这一独特的群体，终于由亲属的血缘关系，枝繁叶茂，扩大为华夏民族的族群成员，"家"与"国"彼此难分，"国"与"家"连为一体，大家都是一家人，中国人都是同胞。

不过有人会问，那么曾经被称为蛮夷戎狄的少数民族呢？对待他们，周人采用的是包容、同化的方法："诸夏用夷礼则夷之，夷狄用诸夏礼则诸夏之。"比如僖公二十七年，原夏禹后裔杞桓公来鲁国朝见，用了夷人的礼节，行为不恭，遂被僖公看不起，叫他"杞子"。而曾经自称为"蛮夷"的楚国，后来接受了中原以会盟团结、联合诸侯的方式，从此不再被视为蛮夷。

当时华、夷通婚的现象也极为常见，最富有代表性的人物就是晋献公娶犬戎狐姬，生下了后来大名鼎鼎的霸主晋文公重耳。因为姻亲关系，华、戎联盟之事也屡见不鲜。周幽王就是被申、缯、西戎联师消灭的；晋国成功阻挠秦国向东扩展的崤之战，也是晋国与姜戎的联手之作。

所谓诸夏与夷狄，其实只是文化、经济、生活上的一种区别，二者虽时和时战，但通过接触、冲突，最后结果是两种文化的混同与涵化。华、夷最后也是同胞了。

至此，当家人、同胞意识形成时，共同的文化认同——"天命观"、宗法制、礼仪、习俗等等，也不知不觉地形成了。而文化认同一旦形成，便很难消失，这群有着共同文化圈的人，自觉是"一家人"；既是一家人，就只能走"合"的道路，即便有分裂，也是暂时的。

现在再来看看春秋时期的情势。

首先是天下共主周王室势力衰微，王命不行；王命不行，引起列国内乱；列国内乱导致诸侯兼并；诸夏大乱，又导致夷狄乘机横行：北方有实施掠夺主义的北狄；南方有怀抱兼并政策的楚国。在南北夹击下，诸夏岌岌可危。这时出现了第一位挽救者、后来的诸侯领袖齐桓公。

齐桓公之所以能顺利地当上霸主，是因为大家都认同他打出的口号——"尊王攘夷"。齐桓公的宰相管仲说："戎狄豺狼，不可厌也；诸夏亲昵，不可弃也。"这种文化认同，正是西周近300年政治、文化教化的结果。于是最后无论谁当霸主，都只有一个方向——"合"。

台湾历史学家许倬云在《文化与亲缘——中国人双重认同的根源》一文中说：战国纷争之际，各国都恪守着天下"定于一"的信念。"其原因是中国有过共同的文化认同"，即由周人发展而来的认同。他们争的出发点是"如何统一",却不在"是否统一"。

2011 年 3 月号
"春秋定中国"

嵇康为三国时期曹魏名士，曾任中散大夫，后隐居不仕，主张"矜尚
不存乎心，故能越名教而任自然；情不系于所欲，故能审贵贱而通物
情"。图为《竹林七贤与荣启期》画像砖中的嵇康形象。

美男毒方

在中国历史上，美男最多的朝代当属魏晋，随便一举，就有潘安、卫玠、何晏甚至简文帝司马昱等等。在南朝刘义庆的《世说新语》中，专有《容止》篇，记录了数十位美男的言行举止、容貌气度和人格魅力。

其实任何一个朝代都会有美男，而且不在少数，只不过鲜有记载，更勿论专著。而魏晋却是例外，可见这是一个崇尚美色（专指男性）的时代。

在魏晋美男的标准中，白皙是极重要的一项。比如卫玠皮肤如珍珠白玉；潘安是面若凝脂；曹操的养子、女婿何晏，是"美姿仪，面至白"。白到大家都以为他抹了粉。何晏确实抹粉，不仅敷粉，他还有一个美容秘方：五石散。这有据可查。晋代名医皇甫谧说："何晏，耽声好色，始服此药。"何晏自己也说："服五石散，非唯治病，亦觉神明开朗。"

五石散又叫"寒食散"，是东汉名医张仲景发明用于治疗伤寒的，它以石钟乳、白石英、石硫黄、赤石脂、紫石英五种矿物质入药，主要功效是壮阳、温肺肾。从皇甫谧的话里看，何晏是因为好色而服药，似乎与美容无关，但从药理看，长期服用后，会使人毛细血管扩张，皮细肉嫩，面若桃花。这就合乎美男标准了。

何晏是魏晋风流名士，一言一行，都具有风尚标杆作用。在何晏之前，大家都慎用五石散，因为药性猛烈，但何晏改进之后率先服食，感觉神明开朗、体力转强并面有美色，遂大肆倡导，使达官贵人、风流名士争相服散。

但五石散是有毒的。皇甫谧说自己因服食不当，曾长达七年在寒冬腊月时节，用袒身吃冰的方法压毒。而严重者会舌缩入喉，痈疮陷背，脊肉溃烂甚至死亡。

不过，五石散的"毒"，就是服食它的第三个"好处"。石硫黄等五石，皆为燥温之物，服食以后五内如焚，躁热难当，须以疾走发汗来驱发药性，故有"行散"一说。

鲁迅在《魏晋风度及文章与药及酒之关系》里，详细指明了行散后的种种表现："全身发烧，发烧之后又发冷。普通发冷宜多穿衣，吃热的东西。但吃药后的发冷刚刚要相反：衣少，冷食，以冷水浇身。倘穿衣多而食热物，那就非死不可。"因为皮肉发烧之故，为预防皮肤被衣服擦伤，就非穿宽大的衣服不可。

不与常人为伍，特立独行，从美学范畴看，也是一种不凡气度，可以为男子增美，但是如果说所有魏晋名士服药都是为了作秀，就绝对了。至少嵇康不是。

嵇康也是美男，《容止》说他"风姿特秀"，《晋书》称其"有风仪""天质自然"。

嵇康还是思想家、文学评论家，弹得一手好琴，所谓才貌双全。但不幸却生在"天下多故，名士少有全者"的魏晋之际。在司马氏家族的淫威下，当时名士只有两条路可走：或归附司马氏或不合作。不合作又想要保命，就只有让自己显得很怪异，而服食五石散既能达到这个效果，又能在刺激中感到神明开朗，排遣胸中块垒。但五石散最终也没能挽救嵇康的命运。临刑前，嵇康还是那么潇洒：看了看太阳，然后"索琴弹之，奏《广陵散》"。那年他 40 岁。1961 年在南京南朝墓出土了《竹林七贤与荣启期》画像砖，砖上描绘了嵇康树下抚琴、气宇昂轩的形象，名士风范跃然其上。但想到他的服散之举，不由得替他哀伤。真是生于乱世，明知是毒药，也得吃啊。

2008 年 12 月号

"美人之问"

男人戴花

男人戴花，唐已有之。不过，不甚普遍。明清时期，偶有为之。唯有两宋，男人戴花，蔚然成风。不信，回头再去读一遍《水浒传》，你会发现梁山好汉简直就是"花团锦簇"：

病关索杨雄，"鬓边爱插翠芙蓉"；浪子燕青，"鬓畔常簪四季花"；阮小五"斜戴着一顶破头巾，鬓边插朵石榴花"；而刽子手、满脸横肉的蔡庆，生来爱戴一枝花，于是人家干脆叫他"一枝花"蔡庆。

小说是现实生活的真实反映，大宋民间敢如此肆意地戴花，当然是有官方的时尚潮流在前面引领。其中最具时尚标杆作用的，当数风流君主宋徽宗。

宋徽宗每次出游回宫，都是"御裹小帽，簪花，乘马"，从驾的臣僚、仪卫，也都赐花簪戴。徽宗不仅崇尚戴花，还要制定一些规则，他赐给随侍的卫兵每人衣袄一领，翠叶金花一枝。有宫花锦袄者，才能自由出入大内。男人簪花发展到宋朝，几近极致。一朵小小的簪花，甚至成为上层社会身份的标识、等级的象征。在宋代重要的史料笔记《铁围山丛谈》里，对此有详细的记录。每逢重大节庆，例如郊祀回銮、宫廷会宴和新进士闻喜宴等，皇帝都要赐花给臣僚。皇帝赐给臣僚们的簪花还分品位：生辰大宴又有辽使在场时，用绢帛花；春秋两宴，用美丽的罗帛花；陪同皇帝游玩的小宴，则用珍巧的滴粉缕金花。赐花时，还按官员的品阶决定多少。可谓尊卑有序、多寡有数。

"春色何须羯鼓催，君王元日领春回。牡丹芍药蔷薇朵，都向千官帽上开。"这是诗人杨万里的戏作，而我却从中看到一个被花海浸泡、淹没的大宋王朝。

一个男人戴花，可以看作别有风情；一群男子戴花，可以视为别有习俗；一个国家的男性都戴花呢？为别有国情？

两宋的国情似乎确实有别于前后朝，那就是以文治国。这是大宋开国皇帝、出生于传统武将门庭的宋太祖赵匡胤定下的方针。为了让后世子孙彻底贯彻他的精神，他还留下了一个前无古人后无来者的遗训，并将其刻在一块石碑上，藏于深宫密室。每当新帝即位时，一个秘密仪式便是恭读遗训。密室只有皇帝可以进入，因此包括重臣都不知道"石刻遗训"的存在，直到宋太祖死后150年，汴梁被金兵攻陷，皇宫遭到蹂躏，这块石碑才被发现。

宋太祖留给子孙的遗训是什么呢？

不得以言论之故，处死士大夫。

遗训只有两句，这是其中之一。试想一下，一位君王在为自己安排后事时，该有多少千叮咛万嘱咐的事啊，可宋太祖偏偏留下了这么一句"传家宝"。可见他有特殊用意。或许他认为，文人再怎么胡说八道，也不会扛枪造反，所以尽可以让他们自由发言？不管怎么说，这个遗训的好处是显而易见的，那就是文人扬眉吐气，翻身作主。宋人争做文人，并热衷于享受生活，崇尚文学艺术。文人气氛如此之浓，所以很难不把一切事关风雅之事都发展到极致。这其中便包括把原本属于风情、爱好、习俗的男子戴花，演变成为一个国家的礼制。而且令人感慨的是，北宋怎样生活，偏安一方的南宋还怎样，甚至有过之而无不及。这一点从南宋临安是如何全面翻版东京汴梁的就知道了。

说到簪花，除了鲜花，宋人还戴人造花。有一种是用琉璃即玻璃制成的，度宗时，宫中即流行簪戴琉璃花，世人争相仿效。有诗人便赋诗道："京城禁珠翠，天下尽琉璃。"琉璃——流离，有识之士认为这是"流离之兆"。确实，度宗逝后五年，南宋即告灭亡。这是否可以说是文而误国呢？

2008 年 10 月号
"杭州：北人南迁"

《四相簪花图》扇页，清代画家李墅作品。传北宋时，韩琦园中芍药开
放，一枝上并绽四朵"金缠腰"，邀王珪、王安石、陈升之饮宴共赏。
席间，四人各簪一朵"金缠腰"于头上。此后，四人先后做了宰相，由
此留下"四相簪花"的典故。

成吉思汗的遗产

公元 1189 年，当 28 岁的铁木真被 21 个部族尊为"可汗"时，他没有想到自己的事业会做到多大，一不留神，就打下了一个横跨东西方的帝国世界，然后给后代留下一个永久性的难题：一个由游牧民族统治的、以农耕民族为主体的蒙元帝国，如何长治久安？

这个难题相当致命。因为统治者与被统治者之间的关系是，一个搭帐篷，一个盖房屋；一个文字初创，一个文明已云蒸霞蔚；一个崇尚武力征服世界，一个恪守儒家礼仪本分。而在政治经济体制上，整个蒙元帝国，呈现出的几乎是一个二元并立或者对立的世界。

有一个例子可用以说明。在成吉思汗的时代，有四个用帐篷群构成的后宫，叫四大斡耳朵。成吉思汗到哪个斡耳朵，就在哪办公，可谓移动的首都。1229年，窝阔台即位后，决定修建一个"不可移动的斡耳朵"，这就是蒙古人的第一个首都哈拉和林。

哈拉和林里不仅有宫殿，也有为王侯贵族们盖的宅邸，但是蒙古人不去住，而是在城墙边搭起帐篷。住帐篷还是房屋，看似一种生活方式，但实际上代表着的是固守本民族传统，还是接受新生活的两种态度。它犹如一种象征和预示——住帐篷的帐篷党和住房屋的房屋党的水火不容。也昭告着蒙古人由此往后的派系之争，即是坚持蒙古传统还是汉化。

这话似乎有点危言耸听，但实际情形是，矛盾和分裂来得不可思议的快，仅仅到成吉思汗的孙子这一代，冲突已然爆发——先是可汗蒙哥和皇弟忽必烈，而后是忽必烈和他的弟弟阿里不哥。一母所生的同胞兄弟，最后竟然因此而拔刀相见。而这个时间从1227年成吉思汗去世算起，到蒙哥即位的1251年，仅仅24年。

兄弟不和看似与争夺皇位有关，而实则是执政理念的不同。根据《元史》所记，蒙哥被宣传是成吉思汗传统的化身，一位唯一不屈不挠恪守札撒——蒙古法律规范的人，主张"遵祖宗之法，不蹈袭他国所为"。而忽必烈呢，却被认为是个"汉人迷"。在他还是宗王时，招纳的幕僚就大多是汉人，比如海云和尚、刘秉忠、姚枢、赵璧。这一幕府的存在，似乎就是在促使蒙古人汉化。

忽必烈最初让蒙哥不爽的事是出征云南。大臣姚枢建议，汉地以安抚第一，在儒家的治国理念里，安定民心比什么都重要。因此要尽量"不杀人"。即便大理国拒绝投降，也不屠城。但是在以多杀人为荣的蒙古人看来，这种想法匪夷所思。

蒙哥即位后，他的三个弟弟犹如他的三驾马车。忽必烈负责管理漠南汉地，旭烈兀负责征服西方，阿里不哥坚守哈拉和林。管理汉地，忽必烈用的是由汉人组成的官员队伍，用的也是汉人的方法，他在河南、京兆（在今陕西）和邢州（在今河北）进行一系列改革，计划在这些地区重新建立中国模式的政府，复苏经济。

忽必烈取得了相当大的成功，然而这却引起蒙哥的猜忌。他怀疑他的兄弟试图在其领地建立一个独立的政权基础，并借此对汗位发起挑战。1257年，蒙哥忽然对京兆发动了一次大规模调查，调查组查封了大批行政档案，罢免忽必烈任命的官员，又处死了一批属下。情形似乎要危及到忽必烈了，这时姚枢出了一个主意：到哈拉和林去见蒙哥吧，重申对大汗的忠诚，并请求原谅。于是蒙哥宽恕了忽必烈，兄弟和解。

度过危机的忽必烈，三年后就迎来了自己的天下，他以自己多年在汉地经营的政治经济基础，如疾风扫落叶般，摧毁了与他争位的阿里不哥，然后大刀阔斧地实施新政。

登上帝位的忽必烈似乎可以放开手脚了，但事实并不如此。虽然为了成为中国好皇帝，他已经做得够好了——几乎采纳了谋臣刘秉忠的所有建议，除了恢复科举。不恢复科举，是因为他并不想全面汉化，也不能够全面汉化，因为那样的话，他的各级行政机构就会被汉人把持、吞没。

忽必烈也并不完全依赖汉人，他把财政交给色目人，把军事委托给蒙古人。在政治制度的构架里，他还不得不屈从于蒙古人的一个基本原则：帝国是所有成吉思汗子孙的共同财富，他们享有世袭的军政经济特权，这叫家产分封制。

忽必烈奠定的蒙元帝国是一个蒙汉混合物，这个混合物在他执政的前20年强大而稳定，但到他年老时，就四处漏雨了，等到他离去，蒙汉之争，竟成为分裂和破坏这个国家的主要力量，亲蒙派与亲汉派轮番上台，每隔三五年，就要上演一出夺位大剧。

十三四世纪的蒙古人认同一个使命：蒙古人要征服、统治全世界。但遗憾的是，他们却没有能力统合全世界，成吉思汗给子孙留下了一个伟大的遗产，却也是一个致命的遗产。

2015 年 3 月号
"他们在元朝"

永乐大帝的阴谋

在谷歌地球上看十三陵，如飞鸟在天。绵绵山谷里，十三座明朝帝陵，尽纳眼中。天寿山主峰下的长陵，毫无疑问，位置最佳，最符合好风水的原则。是玄武垂头，朱雀翔舞；青龙蜿蜒，白虎驯顺。在诸皇陵中，他也俨然主角，占据舞台中心，被左簇右拥着。

提起明朝帝陵，人们通常想到的是十三陵，而几乎忘了在南京钟山之阳，还有一座明孝陵。那是朱棣之父、明朝的开创者朱元璋及皇后之墓。或者说，因为有了十三陵，明孝陵就被人们有意无意地忽略了。朱元璋似乎被置于朱棣的阴影里，退至历史的深处。

可怜的朱元璋。我仿佛听到历史的一声叹息。这也许就是长陵的主人、永乐帝朱棣想要营造的效果。

朱棣为何要弃南京就北京？舍弃现成的皇陵开辟新皇陵？很多人替他回答了：因为北京直面北元，国防形胜，又是朱棣龙兴之地，于国于家都有需求。又何况，朱棣夺了侄子建文帝的皇权，滥杀亲建文者，在南京待着，如坐针毡，所以只能移驾北京。

问题似乎已经圆满解决了。但是近日我在刘毅的著作《明代帝王陵墓制度研究》里，却看到了另一种回答，他和台湾学者朱鸿都从十三陵里品出朱棣不好明说的心思——一切其实是为了构建其政权的合法性。

朱棣的第一步，就是策划营建陵寝。在《微旨阴寓——明十三陵的历史意涵》一文里，朱鸿称这一行为的重要性在于"微旨阴（隐）寓"。精深微妙的意旨，隐含于十三陵陵寝的营建里。而这一心机，明末的黄景早已发现。

给朱棣创造条件的是朱元璋定下的帝后合葬制。明之前，帝后是否合葬并无定制。但是朱元璋称王称帝以后，先是给父母修皇陵，继而给高、曾、祖三代修祖陵，而后为自己营建陵寝，都是按帝后合葬的规制，以至于帝后合葬成为明朝不可撼动的祖制。

永乐五年（1407 年）七月，徐皇后崩，朱棣要为先逝的皇后营建陵寝。根据帝后合葬的祖制，徐皇后的陵寝实际上也就是朱棣日后的陵寝所在。建在哪呢？事情原本简单，就在朱元璋选定的钟山之麓、孝陵旁好了。那也是个风水佳地，王气所钟。但是朱棣连看一眼的心思都没有，直接派人去了北京。

根据中国历代王朝的习惯，皇陵应卜选于国都附近，陵墓与都城一体化，以便于兴建、奉祀、防护、谒拜。在北京尚属陪都之时，朱棣此举岂不颇有深意？"天寿山陵寝首先阴寓的微旨就是国都的北迁。"朱鸿一语中的。

当然，即便朱棣不选址北京，也不能葬在朱元璋身旁。因为朱元璋早安排好了位次，将早逝的懿文太子葬于孝陵之东。了解中国古代宗法制度的人都知道，宗庙、墓地或神主的辈次排列顺序是左昭右穆。太子居了左，身为皇帝的朱棣当然不甘其下。所以他无论如何都要远离太祖而葬。刘毅认为，"远离太祖建陵会有一种重开天地、再造邦家的自我感觉效果，并进而可与太祖南北并尊，使'篡弑'之诟骂稍得舒缓。"

长陵兴建于永乐七年（1409 年），四年后玄宫完工，徐皇后入葬。又过了七年，北京宫殿建成，永乐十八年（1420年）皇帝传谕：自明年正月始，北京不再称为行在。朱棣终于完成了他面南京而尊的计划。

但是，朱棣的儿子仁宗朱高炽差一点毁了他的计谋。仁宗即位后，颇有还都南京之意，甚至重立南京为京师，复称北京为行在。不幸的是，他在位不及一年便驾崩了。难题留给了宣宗朱瞻基。面对父亲和祖父截然不同的观点，朱瞻基做了个折中——仍称北京为行在，但不去南京办公。更为智慧的是，朱瞻基还将仁宗安排在右穆之位，而不是左昭。据说，因为左边风水不好。但这一举动却破坏了左昭右穆的格局。

昭穆格局的意义在于突显居中之祖无可取代的至尊地位。长陵取名又与汉高祖陵同名，朱棣的喻意是很明晰的。可宣宗的想法是什么呢？朱鸿先生认为，"或是希望其百年之后葬于献陵之西，以后皇帝依序西葬，如此长陵仍为主陵，但非祖陵，这才符合庙号太宗应有之地位。"

"不肖子孙"总是有的。宣宗崩，9岁的英宗朱祁镇继位，辅佐他的人，内有太皇太后张氏，外有三位杨姓大臣。他们要么是深得朱棣赏识的儿媳妇，要么是朱棣"靖难"的受益者，朱棣之名此时不正更待何时？于是宣宗的陵寝毫无异议地置于长陵之左，尽管"风水不好"。奇迹出现了：长陵居中，献陵在右，景陵居左，是一个"倒昭穆"的格局。

正统初年对朱棣的正名起关键作用的还有一件事，即给长陵修神路，并立一尊与孝陵相仿的神功圣德碑亭，其用意不言而喻。正统六年（1441年），英宗下了一道与朱棣一样的诏令：北京去"行在"，南京增"南京"。自此，北京的国都地位再未更改。朱棣含笑九泉了，他的十三陵会说话。

2013 年 5 月号

"看不见的十三陵"

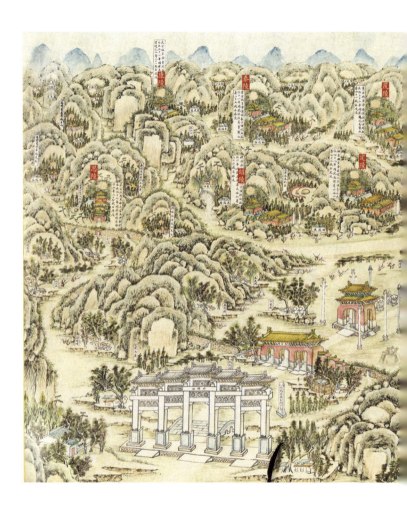

龙脉之山一重接着一重，一座座金碧辉煌的陵寝，各自依山，比邻而建。在这幅清代所绘的十三陵全图中，不仅标识出十三座陵园的风水吉地与主人生平，周边的妃子墓、神路和各类祭祀建筑、寺庙，甚至陵墙、关卡都尽收眼底。当年十三陵与世隔绝，俨然是一片恢宏而宁静的帝王谷。

居庸关上的烟尘

从旧时京师北门德胜门往北，有一条通衢大道，叫京藏高速。沿着这条路一直奔北，可以到达居庸关、宣化乃至想走多远走多远，直至西藏。我时常往来于京藏高速北京段，每每车流滚滚，不胜其烦时，一到南口，便觉心情转好——一路占据视线的高楼大厦，忽然变成了巍巍青山，分列于道路两旁，穿行其间，犹如置身山谷。

从南口往北约 10 公里，便是闻名天下的居庸关，由居庸关再往北 10 公里，则是八达岭。熟悉北京地形的人都知道，这一段是北京西北的咽喉地带——关沟。

何谓咽喉地带？请看我从教科书上搬来的知识。

北京地处蒙古高原、黄土高原和华北平原交接地带，西、

青史有意

北、东北三面环山，东南面向广阔的平原和大海，形势上是一个半封闭的海湾，地理学上称其为"北京湾"。

北京西为太行山系的西山，北是燕山山系的军都山。太行南起黄河，沿山西、河北交界逶迤北上，燕山东起渤海，两大山脉相交于北京西北部的关沟，形成了一道天然屏障。

西山从海拔2303米的东灵山向东北伸展，一路降低，到关沟时，海拔1015米；而燕山从海拔1534米的黑坨山向西南延伸，也是一路走低。两山相接处的关沟，是一个断裂带，又是海拔最低处，自然就成为山间通道，古时称"陉"，关沟是太行第八陉的军都陉。

关沟从北口到南口仅20公里，因此关沟不仅是北京两山山系的最低处，也是最薄处，故而是北京的"咽喉"。

面对一个连接着蒙古高原、黄土高原通往华北平原最重要又最薄弱的通道，你会做什么？当然是设防。春秋战国时期，燕国就在此设立要塞；东汉时期开始设立关城，从此"居庸塞"改叫"居庸关"。两千年来，居庸关从未被小觑过，尤其是明朝。

公元1368年夏，元顺帝从居庸关仓皇北逃，大明帝国如旭日冉冉升起，但不幸的是，失败者的进攻与胜利者的防守，终明一朝，却从未停止。1371年，大将徐达就奉命修关——在前代所建的居庸关遗址上，垒石为城，加固居庸关城防。这是明朝在北边修建的第一座雄关。而次年，第二座雄关也随即在西部矗立，这就是控扼河西走廊的嘉峪关。

《明实录》是一部记录明朝各代大事的史料，《明太祖实录》里有朱元璋的军事战略"指示"，从中可知修建居庸关与嘉峪关的原由。用高屋建瓴的话说，就是四个字："固守封疆"。不扩张，不出击。把自己的领地圈好、守好。这真是农耕民族的基因性思想。

朱元璋说："地广非久安之计"，"得其地不足以供给，得其民不足以使令，徒慕虚名"。北元的人与地，都没用，"略荒裔之地，不如守边"。但是朱元璋也知道，旧元势力向为中国忧患，不可不备，因此要在边塞驻军屯田，"修葺城池，常年练兵，严为备守"，"来则御之，去则勿追"。朱元璋这个御敌方略如何？我好像听到侵略者在讪笑。

在什么地方"固守封疆"最佳？他选择了大漠南缘的咽喉之地和高山峻岭的隘口要冲，所谓"易守难攻"之地。

洪武三年（1370年）三月，地方官苏琦上书，发表对时局之见。他说：请建立边镇，"分镇要害，统制诸番"；若敌来降，"待之以诚，怀之以德"，若"其叛也，喻之以义，示之以威……勿启边衅以疑远人，勿连兵祸以劳中国"。这些话听起来很耳熟吧？自古以来我们就决不开第一枪。此言正合朕意——朱元璋嘉奖了苏琦。

朱元璋为大明定下了防守的基调，又布防了由大漠以南、嘉峪关以东、鸭绿江以西的第一道防御线。而其南还有第二道紧贴北平的防御线，其中山海关、喜峰口、古北口、居庸关、松亭关，是其中的重要关口。纵向分路，横向分层，朱元璋的部署不可谓不周密，但是他忘了，历来只守不攻的守，是守不住的，何况历朝都是一代不如一代，结果是越守越退缩。

果然，朱棣一上位，朱元璋的防线就被打乱了：首先是防线内撤，其次是迁都北京。内撤与迁都结合起来，于是京师就成了前线，而长城就成了边关。明末清初史家黄宗羲曾有一句点睛之评论：明朝迁都以后，经常考虑的是"失天下"而不是"治天下"。这真是"撩乱边愁听不尽，高高秋月照长城"啊。

据《明史纪事本末》记载，明成祖朱棣曾说过一句话："居庸险隘，北平之咽喉，我得此，可无北顾忧……"居庸关能不辱使命吗？正统十四年（1449年），有史以来最严峻的考验来了。明英宗因鲁莽率军出阵，被蒙古强大的瓦剌部擒获。瓦剌首领也先挟持英宗直抵北京城下。骤然间，京师烽烟四起，国都难保。

居庸关面临近8万人的攻打。奉命镇守居庸关的是右副都御史罗通，他据城固守，瓦剌部猛烈攻打。突然，居庸关西南角被打坏，罗通急令浇水灌城。十月中旬，天气寒凉，滴水为冰，城墙成了冰墙，瓦剌军无从下手。这一仗，打了七天七夜，罗通"三败之，斩获无算"。长城防御线，达到了朱元璋的最低要求。居庸关满足了朱棣的最高要求。

鉴于长城的作用，兵部尚书于谦开始大规模修筑长城，到隆庆五年（1571年），明朝完成了万里长城的连接。而居庸关内呢，也有了一个小小的变化，为表彰罗通，明朝建了一座表忠祠，就在今天关内西南侧——户曹行署西南深处。幽静之地，飘着历史的烟尘。

2016年10月号

"长城：北京的边关"

青史有意

当落后成为一种力量

梳理 19 世纪的中国史，会看见一条清晰的轨迹：中国的近代化之路，每往前走一步，都是挨了一次打之后：1840 年鸦片战争后，几个先觉者发出"睁眼看世界"的呼吁；1856 年第二次鸦片战争后，有识之士兴起洋务运动；1894 年甲午战争之后，有了维新变法；1900 年庚子之变之后，开始"新政""立宪""革命"……中国这个封建老大帝国的步履，不可思议地蹒跚、滞重，一步一停顿，以至于用上六七十年的时间，仍未能自强。

中国为什么总是陷入挨打、割地、赔款的怪圈，像个不打不成材的孩子？回答这一问题的书，可谓汗牛充栋。但是当我看到史学家陈旭麓的一句话时，还是为之一震。在《近代中国社会的新陈代谢》一书里他说："在落后的社会里，它却能因为落后而成为力量。"这个"它"，泛指一切陈旧、愚昧、腐朽、僵化的制度、思想、风俗、生产方式、行为等等。

落后也能成为力量？是的，而且屡见不鲜。

最能说明问题的例子是"夷夏之辨"和"夷夏大防"的观念。

夷夏的概念，始自于先秦。夷指少数民族，夏乃中原华夏。如何划分夷夏？核心是文化认同。即"诸夏用夷礼则夷之，夷狄用诸夏礼则诸夏之"。用现代的话说，即一个中国人若处以西方生活方式，就是西方人。一个外国人若处以中国的生活方式，就是中国人。这是一种以文化而不是种族概念来区分夷夏的思想，它其实充满开放和包容性。

当然，当是时，这句话也有华夏文化远高于夷狄文化、中原农耕文化高于游牧文化的意味。而后，这种优越感又逐渐演变为以华夏为文化扩散和传播中心的思想。再后来，封建帝王们以临御天下自居，以至上者的身份对待夷狄，而民众呢，也深深浸淫其中。

毫无疑问，当世界已属于工业文明的时代，仍以农耕文明派生而来的"夷夏之辨"看待世界，实乃迂腐、僵化，是不合时宜的世界观。但是，1840年的中国人不知，1856年的中国人也不知，屡屡挨打，仍不知思变。甚至到1894乃至1900年之后，大部分的中国人仍固守祖宗之法，抵制西学、洋务，希望用封建主义打倒资本主义，这种落后的力量招来的是一次比一次大的灾难。正是落后的力量愈大，结果愈坏。

有一个人物很典型——1852年起以专办夷务的钦差大臣的身份，兼任广州总督的叶名琛。1854年，英法美要求修改鸦片战争时订立的合约，叶钦差不愿与西方人打交道，接到外交文书后，要么用寥寥数语回复，要么不答。于是三国公使联袂北上，将意见摆到了咸丰帝面前。咸丰和他的父亲道光一样，采用古代社会对待夷狄的态度说：夷务只准常驻广州的钦差大臣办理。球又踢了回去。

英国公使包令要求会见，叶名琛说，那就在"河边的仓库"里见吧。在叶钦差的眼里，取胜之道不在于如何捍卫国家主权和利益，而是从精神上折辱对方，卫护中华的礼仪和体面，才最是紧要。

英国人除了修约，还想进城。广州人不许。等了两年未果，英国人怒了，借"亚罗"号船员被捕一事，炮轰广州城。叶名琛岿然不动。英军再炮轰总督署，手下请叶名琛转移，

"叶相手一卷书危坐，笑而遣之"——在薛福成的《书汉阳叶相广州之变》里，一个传统的英雄人物跃然纸上！然而不幸得很，支撑叶相这一英雄气概的是二者天壤之别的悬殊实力。陈旭麓因此评论道："以马箭傲火炮，在强硬的同时，又表现了剧变时代里充满悲怆意味的懵懂和滑稽。"

支撑叶名琛和广州人的力量是"夷夏大防"，这个信念强大得令他们完全无惧现实。后来英法联军武力攻城，叶名琛毫不应对，用算命的方法安慰全城人。然后城破，叶名琛被俘，囚禁在印度加尔各答。当他自带的粮食吃完后，便绝食而死，至死仍坚守"夷夏之辨"。

叶名琛的悲剧可谓不识时务，遗憾的是，这再一次以割地赔款的代价换来的却不是将落后抛弃。洋务运动兴起后，"夷夏之辨"再一次成为巨大的阻力。我们来看看中国第一位驻英法公使、洋务派郭嵩焘是怎样被拉下马的。

郭嵩焘的罪名是汉奸。理由是他参观英军炮台时，穿洋装；见着巴西国主时，起立致敬；听音乐会时，取音乐单。因此他是"有二心于英国"。人们对他的"媚洋"之恨，甚至延续到1900年义和团运动时，要戮其尸以谢天下。

泥古而顽梗的世人，就是这样以守卫祖宗之法捍卫民族主义，高张爱国的。不合理的东西被合理的东西掩盖着。陈旭麓说："爱国主义永远是一种打动人心的力量。但从爱国主义出发走向近代化和从爱国主义出发回到中世纪，确乎并不同义。"因此，我们要时刻警惕落后的力量。

2014 年 9 月号

"走出甲午"

丧钟被谁敲响？

　　至迟在 30 年前，历史教科书的主角还都是农民起义。仿佛历史的车轮，是被一场又一场农民起义推进的。时至今日则不同了。比如对于镇压太平天国的湘军、曾国藩，已有了褒奖说。称其举是卫乡、卫道与卫国，避免了中国历史的倒退，等等。

　　如果说这一功绩是曾国藩举旗之初即已预料的话，那么另一种功绩，则是他万万没有想到甚或想过的。这就是以他为核心的湘军集团要员，在平定太平天国的战争之中与之后，纷纷获取了中原、江南各省军政大权，使满蒙贵族在朝纲中逐步被汉族官员边缘化，或者说，满清皇权被汉族政治势力空心化、空洞化，最终形成不可逆转之势，为日后袁世凯和孙中山的崛起奠定了基础。

其实对于汉族官员，清廷一直怀有戒备和防范之心。这只要看看有清以来，能影响朝政的实权大臣名单即可明了：从顺治时的多尔衮，康熙时的鳌拜，到雍正时的隆科多、年羹尧，乾隆时的阿桂、和珅，再到咸丰时的肃顺，清一色是满清贵族；而历届领班军机大臣也几乎不由汉人充任。

防范如此严密，缺口又如何打开？回望历史便会发现，这一过程是多么曲折，身置其中的当事者，又有过怎样的犹豫、矛盾、摇摆、无奈和退让。

一切当然首先要归功于洪秀全1851年的起义。面对来势凶猛的太平天国军，大清朝却很不幸地处于江河日下之窘境：国用不足，兵伍不精，人才不振。无奈，只好让各省办乡村武装团练以辅佐剿匪，所谓以汉制汉。

礼部侍郎曾国藩当时因母亲去世，正在家守孝，遂奉旨帮同巡抚办理湖南团练。在咸丰帝的眼里，曾国藩只是一介书生，难有大作为。不料这一介书生却有大志向和大作为，买了洋枪洋炮，建了水师，应是要带兵剿匪，一鸣惊人。迫于太平天国的压力，咸丰帝违反祖制，准了。

满汉君臣的较量，就此随着战情的变化而此起彼伏。

咸丰四年（1854年），曾国藩率兵初战，一败再败。咸丰帝革了他礼部侍郎一职，令他戴罪立功。

秋天，重整旗鼓的曾国藩收岳阳、克武昌，形势转向大好。清朝外交官薛福成在其《庸庵文编》里，再现了消息传入宫中时的情形：咸丰帝闻报大喜道："不意曾国藩一介书生，乃能建此奇功。"当即任命丧期未满的曾国藩署理湖北巡抚。这时旁边一位大臣递了一句话：曾国藩此时还只是以礼部侍郎在籍，犹如匹夫。匹夫身居乡里，竟能一呼万应，恐非国家之福啊。咸丰帝一听，蓦然变色，立即收回成命。朝令，朝即改，说明什么呢——直击要害啊。从此几年，曾国藩都不得重用，只许领兵打仗，就是不授巡抚一职。

有军权无政权，则寄人篱下，领人兵饷，看人眼色。屋漏偏逢大雨。攻克武昌后仅三个月，曾国藩大败于九江，不仅此前的战果全失，还被太平军围困在江西。在长达两年多的困厄里，曾国藩度日如年。咸丰七年（1857年）三月，其父去世，曾国藩请假回家奔丧，借机休整。

"宅"在家里的曾国藩，郁闷无比，一气之下上折子向皇帝要权：或者兼领地方，或者留籍守制。不料咸丰帝断然选择了后者。对此，著有《曾国藩集团与晚清政局》一书的朱东安说："无论是咸丰四年的朝令夕改，还是这次吝而不授，都不是因为曾国藩没有担任巡抚的能力与资格，而是咸丰帝还没有走到山穷水尽的地步不愿汉大臣身兼军政，权力过大，恐成尾大不掉之势，将来难以收拾。"

这时有人来帮忙了。

在湘淮勇军与太平军作战时，清廷的正规军其实也开赴前线，分别驻扎在天京（今江苏南京）城东的江南大营和扬州的江北大营。咸丰八年（1858年），太平军攻破江北大营，咸丰十年（1860年）再破江南大营。而英法联军此时也来雪上加霜，从广州长驱直入，在通州张家湾一战，打得八旗兵兵将俱损，几乎丧失了战斗力。

内外交困，四顾无人，唯剩湘军。要么亡于太平天国，要么让汉族大臣掌权，两权相害取其轻，咸丰帝只能放权，于是曾国藩从咸丰十年四月"署两江总督"、钦差大臣始，官位不断升级，到同治时期，已奉命督办江、皖、赣、浙四省军务，身兼五大臣之职。以至于曾国藩在写给湖广总督官文的信中说，位太高，权太重，不胜惶悚。几番辞谢，还都不准。

据朱东安研究，咸丰十年前，曾国藩保荐属僚很少获准，而其后则无不准，甚至连其辖区乃至临近省份大员的去留、任命，慈禧都要征求他的意见。最后形成的格局就是，"曾国藩集团以三江两湖为基地，势力不断膨胀，战争发展到哪，其势力便扩展到哪。"真的尾大不掉，难以收拾了。

历史颇值得玩味。曾国藩以卫道、为国为己任，却挖了大清的墙脚；清廷想以汉制汉，临了却治了自己。清朝的丧钟，被谁敲响了呢？

2012 年 8 月号
"湘军改变了中国"

中国人能近代化吗？
能现代化吗？

　　1839 年的春天，林则徐站在广东虎门的海滩上，将收缴来的鸦片一烧而尽。中国大胜。但是胜利的喜悦是如此短暂，失败很快就来临：赔款、割地、开放通商口岸。

　　关于鸦片战争的教训，学术成果颇多，但是当我看到著名史学家王尔敏的著作时，仍有出乎意外之感。在《弱国的外交——面对列强环伺的晚清世局》一书里，王尔敏先生披沙淘金，在史实里提取了一些为人们所忽略的细节，而这些细节，是那样沉重。

　　众所周知，英国的东方贸易，向由伦敦商人组成的东印度公司独占，这渐渐引起了英国工商界的不满。而东印度公司的在华专利，到 1834 年 4 月即期满，因此英国新国会通过决议，到期不再延续，允许所有英商在印度洋、太平洋自由经商贸易。如此东印度公司就必须撤消其驻华机构。这本是一个天大的好消息，但好事硬是被变成了坏事。

1830年，东印度公司的大班即经理人，将消息告知中国负责对外贸易事务的十三行商人，而行商代表又联名禀报给两广总督李鸿宾及粤海关监督，并特意请求，"瞩命"英商再派大班来总管在华商贸。李鸿宾想都没想，吩咐照办："公司散班之后，仍令再派晓事大班前来总司商务。"若仔细分析文辞，李鸿宾其实也只是请对方再派一位"大班"前来，全无邀请官员之意，但英国政府是怎样回应的呢？

以下转引自郭廷以的《近代中国史纲》：应中国政府的请求，1833年12月9日，"英国国王下了三道敕令：第一，设驻华商务监督或总管三人，代理前东印度公司大班的职权；第二，设刑事及海事法庭，由总监督代裁判长"。

此前，中英关系大体由东印度公司董事会与驻粤大班主持，属民间交往。而派驻政府要员、设立政府机构后，就一变而为官方关系。这恰是正伺机寻求扩张的大英帝国所求之不得的，而中国人竟无知无觉地拱手相送。

时人其实并不都无知无觉。著有《海国图志》的魏源，在 1842 年末时就一针见血地指出："试问粤中互市，西洋十余国，何尝有官驻粤？"中国颁发禁烟令后，各国无不遵令，恰是英国商务监督义律，派兵船阻挠。倘若当时没有义律，英商何敢抗法？

国事无小事。遗憾的是，时人不识"外交"厉害，即便是林则徐。虽然林则徐曾自信满满地对洋人说道："本大臣家居闽海，于外夷一切伎俩，早皆深悉其详。"但最终他还是掉进人家挖好的陷阱。

林则徐抵广州一周后就发布谕令：一、要外国人把尚未销售的鸦片"尽数缴官"；二、要他们写保证书，以后不再来华贩卖鸦片。林则徐的强硬，让义律不得不屈服，但是他是怎样屈服的呢？蒋廷黻在《中国近代史》里有极凝练的表述："他不是令英国商人把烟交给林则徐，他是教英商把烟交给他，并且由他以商业监督的资格给各商收据，一转手之间，英商的鸦片变为大英帝国的鸦片。"而此一转折，便转为中英两国官方对垒的局面。后来的事情，历史教科书都说了：1842 年英军兵临江宁城下，逼迫中国签订《江宁条约》（即《中英南京条约》）。

我无意责难时人对国际事务的无知，因为他们无法也无从可知。但是却无法不为他们的错误而痛心。《南京条约》签订后，还必须接着商订中英通商新的关系原则。于是钦差大臣耆英派遣咸龄、黄恩彤等人到英国船上会见通晓华语的英国官员马礼逊等人，会商善后事宜。然后由英文拟定文稿，为《善后章程》八条；因为被迫开放通商口岸，中国又必须全面修订关税税则，于是另一位钦差大臣伊里布又肩负使命。毫无疑问，时人全然不知关税本乃一国之主权，以为一切都要和英国人商定，于是伊里布仍旧约来马礼逊等人共商税则，而马礼逊也丝毫不想"避嫌"，结果连《税饷章程》也由马礼逊代拟。更令人痛恨的是，在1858年第二次鸦片战争中签订《天津条约》时，英国居然无赖地把中国邀请英国共同协定关税的先例，看成是既得权利，写入《天津条约》，令中国近百年都丧失关税自主权。

身当何世？对手何由？一个还停留在古代的中国，遭遇近代西方帝国，文明截然两样，无法对话；实力又不如人，一打就输。还能怎样呢？抓紧近代化吧。1861年，专门办理外交事务的总理各国事务衙门成立；1862年，第一所外语学校京师同文馆成立；1864年，国际法《万国公法》译印，恭亲王奕䜣下令，分发给各口岸，以备发生中外事故时参考。

中国的近代化，蹒跚前行，终现曙光。

蒋廷黻曾有名言："近百年的中华民族根本只有一个问题，那就是：中国人能近代化吗？"历史是面镜子，时至今日，我想这句话应该加上一句：中国人能现代化吗？

2012 年 10 月号

"弱国与他的外交战"

20世纪30年代，上海富裕人家正在举行派对，中外人士济济一堂。租界里占人口少数的西方人的生活方式对华人的影响是显而易见的。但影响不仅仅是生活方式上的，华人处事的行为和理念也因此做出了改变，比如崇尚效率与秩序等，海派文化就这样形成。（供图：海上天雅阁）

当上海人遇上洋人

很多上海史的书都描述过上海人初遇洋人的情形：他们以盲目的优越感，好奇并略带鄙夷地打量着那些长着深目高鼻的洋人。即使 1842 年上海被迫开放口岸以后。最典型的事例，莫过于巴富尔初到上海的遭遇。

那是 1843 年 11 月 8 日，33 岁的前印度炮队连长巴富尔乘着"麦都萨"号轮船来到上海，就任驻沪英国领事。巴富尔的第一夜是在船上度过的，第二天，他就为住处发愁了。这时一位姓姚的商人主动解难，请巴富尔一行下榻自己的宅第。然后奇怪的事就发生了：每天，巴富尔他们无论是吃饭、喝水、穿衣，总是有人围观。原来这位好心的姚姓商人是有大目的的——把洋人作为展品，售票参观。

巴富尔的华人仆人也没有对主人表现出应有的敬意，总是任意闯入他的房间，一边做事一边唱歌。巴富尔不知道，上海人之所以敢如此不恭，是因为在上海人眼里他们都是"夷人"。他开创建设的租界是"夷场"。"夷"是什么？苏东坡说"譬若禽兽然"。

有意思的是，在中国，上至皇帝，下至地方官员，总是害怕洋人与中国人接触，怕的是草民被带坏了，不好管。于是每有洋人来华，总会被隔绝在一个区域里。比如1793年，马戛尔尼带领的英国使团访问北京，18世纪远离城区的广州十三行商馆区，还有19世纪的所有租界区，都是被客气地接待，被有效地隔离。

也许，上海人与洋人真的就能做到鸡犬相闻，老死不相往来了。但是历史却来了个意外。1853年，因为上海县城爆发小刀会起义，长时间的战事，迫使大批上海人涌入平安之地——租界，于是华洋极不情愿地会面了。住进租界的上海人结果如何呢？真的被"带坏了"。

租界拥有自治权和独立的法律，许多法规，都是华人一向不以为然的，比如禁止随地吐痰、便溺，禁止乱堆垃圾。有的法规则是闻所未闻，比如行车靠边，左去右来；人车分道，各行其道。不以为然与闻所未闻都会导致触犯法规，都要被罚。有好些人被罚时还振振有词："马车可行，人岂不能行？"租借管理者工部局铁面无私。中国人向来以为的法不责众，在租界失灵了。

失灵的不仅是传统生活习惯，还有长官意志。比如上海的父母官道台经常会发些告示，禁止这个，禁止那个。凡是"越权"的告示，工部局就迫使道台撤回。1885年，公共租界妓女违反禁止进入茶馆的告示被逮捕，工部局董事会立刻抗议。董事会认为，茶馆已经缴纳捐税和执照费，妓女进入茶馆对租界治安也无妨碍，凭什么逮捕？知县不能随意干扰租界内良民的生活。

1883年，两江总督左宗棠光临公共租界，那情形大家都很熟悉了：随从士兵们耀武扬威地在马路上夹道"迎驾"。不仅荷枪实弹，而且用刺刀驱赶过往行人。董事会遂提请道台注意，道台不以为然地说，这是中国的常规，但凡有大官路过，行人都必须靠边站，以示尊敬。确实，一向自称为"父母官"的县老爷们，从不认为法律与他们有关。即便是制定了法律，也不当回事。但是，这种蔑视法律的行为，在租界行不通。

写到这里，也许会被人拍砖，租界的自治和法治，都是中国主权丧失的表现，是屈辱啊。确实，那是中华民族不幸的一页。但是不得不承认的是，在这一法大于权的意识的熏染下，上海人懂得依法行事，有了契约精神和独立人格。《上海编年史》记载了这么一件小事很能说明问题：1874年，一位叫阿明的华人与工部局签订合同，成为一名马夫。后来马生病了不能干活，工部局打算把马卖掉并取消与阿明的合同。征求阿明意见时，阿明同意了并在草拟的备忘录上签字。但是阿明后来又反悔了，并致信工部局。阿明于是被请到董事局申诉。结果是，备忘录被销毁，阿明留用。令人感慨的不仅是阿明这样一位劳动者所具有的法律意识，而且是，阿明的维权居然能够成功。这事成为晚清上海县城的奇闻。

　　上海当之无愧为中国走向现代化进程的引领者，但是如果上海人没有遭遇洋人会怎样呢？历史没有如果。遗憾的是，上海曾经具有的法治意识、契约精神，到今天，在中国也未能成风。

2010年5月号
"上海专辑"

读书人与政治

　　关于读书人，有两位给我留下极深的印象。一位是两度担任中共中央委员会总书记的瞿秋白，一位是历史学家周一良。

　　瞿秋白在临刑前，以《多余的话》一文，对人生做了总结，慨叹自己一介书生，偏偏选择了革命，以至于常常有心无力，犯下不少错误。而周一良在耄耋之年回顾往昔，用《毕竟是书生》为书名，来表达自己因对政治的懵懂无知而做了许多错事的无奈与悔悟。

　　书生与政治的结合，似乎就是一个悲剧，而这个悲剧也颇像是一种宿命——在儒教的熏染下，从古至今的书生无不渴望与政治、政权结合，以实现自我价值，所谓"修身、齐家、治国、平天下"。另一方面,"学而优则仕"的传统,也将书生纳入官吏体制。于是读书人天生的前途,就是做官。读书人与政治、政权的关系,便痛并快乐着。近代留学生所写下的人生,就大体如此。比如堪称近代留学第一人的容闳。

容闳是广东香山县(今广东珠江)人,1835 年他 7 岁时,被父亲送进澳门一所教会学校,1847 年,又随传教士布朗夫妇赴美留学,完成了三年中学、四年大学的学业。

在容闳的自传《西学东渐记》以及人们对他的回忆文章里,可以读到这个孤身一人,顽强奋斗在异乡的中国青年的点滴故事。令人动容的是他参加校足球比赛时的模样:穿着老旧的衣服,把辫子高高地盘卷起来,头上再戴一顶草帽压住。容闳就这样在球场上奔驰着,成为耶鲁大学传奇式的足球英雄。

毫无疑问,因异服异俗,容闳不断遭到同学的耻笑。但是后来,他以两次夺得班级英文第一名的成绩,让人再不敢揶揄。

在容闳赴美之前的近 200 年里,中国赴海外留学的人数约百人左右,唯有容闳,受过美国系统高等教育,获得耶鲁大学文学学士学位。后来又被授予法学博士。

即将毕业时，容闳的好友韦切尔很担心他回国的前途。说他久居美国，中国对他倒像异乡了。容闳说，我能接受这样的教育，极为不易，怎能不回馈中国呢。

1854年，取得"真经"的容闳从美国返航了。26岁的他有怎样的志向？在《西学东渐记》里他说，要"以西方之学术灌输于中国，使中国日趋于文明富强之境"，"借西方文明之学术以改良东方之文化，必可使此老大帝国，一变而为少年新中国。"——又是一个以治国平天下为己任的读书人。而后来，近代每一次政治运动：洋务运动、戊戌维新、辛亥革命，都有他的贡献。

也许会有人以为，这个书生与政府的关系如鱼得水。其实不然。比如他构想的以"教育救国"为宗旨的"留美教育计划"，从倡言到清廷奏准，历时整整15年！

让我们略微感受一下容闳的这15年：

1855年，容闳找到美国代理驻华公使伯驾，希望通过他结识中国上层官僚，派留学生出国，失败。又前往香港企图面见清廷官员以求支持，也失败。

1856年，特意赴上海海关想结识清朝权贵，失败。

1857年，企图通过一些社会名流结交清朝重臣，失败。

报国无门的容闳，被逼得最后想通过经商致富再自派留学生出国，结果还是失败。

在一系列失败中不难发现，容闳始终无法向高层递话，连面都见不着。都说学而优则仕，但是容闳所学，不被封建统治者所认可，未经科举考试，故也无法出仕。豪门深似海，岂容书生进？大留学生容闳可谓斯文扫地。

1870年，曾国藩被派往天津处理"天津教案"，容闳充任翻译。期间他几番鼓动丁日昌说服曾国藩，终于使曾国藩同意并答应和李鸿章联名上奏。然后清廷竟准了。

此时的准，却不是因为官僚们的良心发现，而是因为全国正兴起的洋务运动，需要大量涉外人员，否则清廷岂能"准了"。

1872年，在容闳矢志不渝的努力下，120名留美幼童，分四批出洋。不过9年后，他们又回来了。原定15年的学习期限，因清廷担心他们会被异化而终止。容闳的救国理想，最终还是被打了折扣。

这批留学生，也犹如断了翅的蝴蝶。更出乎意料的是，他们都以为回国后会有格外的优待——毕竟是一批有着西学基础的种子。在高宗鲁编译的《中国留美幼童书信集》里，不少人幻想着"锣鼓喧天","彩旗飞舞","热烈欢迎"。"可是天呀！全成泡影。"一位留学生这样写道，"当船靠码头时，那船舷碰岸的巨响，才惊醒我们'乌托邦'式的幻梦。"

　　他们被软禁在一个关闭了十年的书院，墙壁剥落、地板肮脏，门窗腐烂。四天后，才在兵勇的"护送"下，见到上海最高官吏。所谓见，就是去磕头请安。然后，根本不按个人志趣及所学专业，就由官员随意"分配"了工作。读书人的报国理想，就这样被处置了。

2013 年 7 月号
"那些年我们怎样留学"

古物有灵

　　每一件文物自它出世后，命运就掌握在人的手中。倘若遇人不淑，很可能就一生颠沛流离，身首分离，甚或粉身粹骨。于是人之于文物，就变得异常重要。

　　清朝的乾隆皇帝深谙此理，为了防范不测，他曾做过一个规定："宫中的一切物件，哪怕是一寸草都不准丢失！"寸草不失如何可能呢？为了让这个不可能变为可能，他取了36根干草棍，用一个景泰蓝小罐装着，放在养心殿的案几上，叫人每日数一遍，少一根都不行，这叫"寸草为标"。

　　这个故事，记载于末代皇帝溥仪的自传《我的前半生》里，乾隆的干草棍陪伴他度过了最后的皇宫生活。溥仪说每次看见它，都会引起他对这位祖先的无限崇敬。确实，连草都不能丢失，况乎其他？乾隆的干草棍，就这样成为皇家珍宝的象征。没有物质价值，却有精神意义。从乾隆到溥仪，其间隔了上百年，里面的草，一根都不少，乾隆的旨意与威仪，似乎从未离开过紫禁城。

然而，乾隆的干草棍是一根都不少，而他心心念念的珍玩却未必。

乾隆去世后，他的珍玩，被嘉庆帝封存在建福宫一带的殿堂库房里，溥仪16岁那年，出于好奇，曾打开一间库房，只见满屋都是堆到天花板的大箱子。打开一个看，里面全是手卷字画和精巧的古玩玉器。被打开的库房只是数间中之一，而其余，有的库尽是彝器，有的库尽是瓷器，有的库尽是名画……看着祖上留下的珍宝，溥仪想到了一个问题："我究竟有多少财宝？"于是他想清点一下，结果建福宫的清点刚开始，火灾就突然降临，清点的和未清点的，一夜之间被烧了个精光！

纵火者至今是个谜，但纵火的原因却很明了：宫里那些偷盗珍宝的人害怕清点出问题来，干脆纵火灭迹。这一把火毁掉了多少东西，也是一个谜。溥仪说，一个金店以50万元的价格买到了这片灰烬的处理权，结果，光是熔化的金块金片，就拣出了 17000 多两。余下的灰烬也没扔了，装了许多麻袋，分给了内务府的人。有一位又从灰烬里提制出金子，施舍给北京雍和宫和柏林寺，庙里就用这些金子制成两座黄金坛城。乾隆的珍宝，是凤凰涅槃了。

乾隆拥有上千方印玺，有一方最为特殊，印文为"宜子孙"。乾隆文采风流，对历朝书画艺术珍品无不广为搜罗、精心收藏，过目书画之多，罕有可匹敌者。凡是他至为珍爱的书画，他都会用"宜子孙"钤印。言下之意不言而喻。但是即便是钤上"宜子孙"的珍品，也会被子孙卖了换钱用。

最不肖的当然是对乾隆有无限崇敬之心的溥仪。每当他想筹钱时，便要变卖祖上的藏品，哪怕它是王羲之、王献之父子的墨迹，司马光的《资治通鉴》的原稿，张择端的《清明上河图》。可怜的乾隆，他不知干草棍上百年来一根未失，恰是因为它一文不值。而他的珍宝，在不肖子孙的眼里，却都是真金白银。

1925 年故宫博物院成立后，又一桩荒唐的事发生了。时任国府委员的经亨颐跳出来说，故宫是逆产，应该废除故宫博物院，然后拍卖或移置院内一切物品。如此荒谬的议案，国民政府会议竟然也通过了。若不是博物院的人力争与说服，世上已然无故宫。

溥仪出宫时，共清点出清宫文物117万件。117万件文物，并不都是清宫所收藏，而是自宋以来一代一代皇室递嬗相传，它们不是皇室私产，也不是逆产，而是中华五千年文明的结晶，是国宝。遗憾的是，总有人不这么看待。

1932年，日军进攻热河，窥伺华北，北平政务会议对故宫作了三项决议方案，其中第一项便是呈请中央拍卖故宫文物，购买飞机500架，以作抗日之用。看来，变卖祖宗的东西，总是子孙最方便之举。真的是"宜子孙"了。

当然，此议被故宫博物院否决。故宫文物决计南迁。不料此事却引起轩然大波。颇有意思的是故宫博物院院长马衡先生的儿子马彦祥，他在报纸上发表意见说，因古物值钱，弄得举国上下，人心惶惶，束手无策。"我们国难一来的时候，不是大家都众口一词地说'宁为玉碎，勿为瓦全'么？现在为了一点古物，便这样手忙脚乱，还说什么牺牲一切，决心抵抗？要抵抗么？先从具有牺牲古物的决心做起！"

古物岂能只是值钱？幸好，马衡等人采取了截然不同的态度——牺牲自己保全国宝。随后的事大家都知道了：1933年2月至1949年元月，故宫文物先后经过南迁、西移、东归、北运、迁台，十余年的"流亡"生涯，损失却微乎其微。令人称奇的是，一路上常常被敌机追着轰炸，却每每化险为夷。人们说这是"古物有灵"，也说是"国家的福命"，我想更是因为有人典守国宝，舍命相护吧。

2015 年 10 月号

"故宫专辑（下）: 醉珍宝"

谁的历史谁来说

　　我上高中的时候，历史课的成绩比语文好，但青春年少，一心想的都是要当一名作家，所以后来还是选择读中文系。当然，现实很快就让人清醒——读了中文系也成不了作家。最后机缘巧合或者说命中注定，竟又回归历史。再然后，爱历史更甚于文学。

　　文学与历史最大的区别就是，一个是虚构，一个是真实。前者天马行空地幻想，后者平实本分地记录。我的一位研究历史的朋友说，历史比文学更有生命力，因为它真实。真实，即有魅力，就能打动人心。我虽然不敢苟同于他，但确实常常被真实击中，感叹历史比小说更好看。

　　然而真实实在珍贵、难得。有多少人因为寻求真实二字，历尽艰辛。又有多少人，因为秉笔直书，而献出生命。

在古代中国，修史通常有两种方式：官方修史与私人修史。朝廷为了掌控对历史的解释，建立史馆以图垄断修史权。假如你是受命为官方修史的史官，那么就得听命于朝廷，隐藏史实、编织神话、点缀升平、肆意臧否人物，历史沦为政治的附庸。否则，下场不会好看。比如春秋时期齐国的太史官。

春秋时期，太史官是地位很高的朝廷大臣，乃史官之长。其职责之一是记载史事。齐庄公常调戏齐国大臣崔杼的妻子，崔杼愤而弑君，于是齐太史官如实记曰："崔杼弑其君。"

弑君乃大逆不道，怎能告知天下？崔杼就杀了齐太史。太史官的弟弟接了班，又如实记述，再杀。再来一位接班人，太史官的第二个弟弟，还这么写，还杀。最后崔杼告诉太史官的第三个弟弟说："你三个哥哥都死了，你难道不怕死吗？你还是按我的要求来写吧——庄公暴病而死。"太史官弟弟正言道："据事直书，是史官的职责，失职求生，不如去死。"崔杼听后，便放了他。——为了据实记录一件事，接连死了一门同胞三位史官，追求真实的价码有多高！

青史有意

官方修史不自由，私人修史也未必畅快。明末李贽著《藏书》，被指为"敢倡乱道，惑世诬民"，最终下狱自杀；而清初庄廷鑨私著、私刻《明史辑略》，酿成大案，即便已故，仍被掘墓刨棺，枭首碎骨，尸体被悬吊在杭州城城墙上，示众三个月，另有千余人受到株连。

但是，不是所有的史官都有秉笔直书的勇气，也不是所有的史官都能秉笔直书。因此历史的真实，比金子还珍贵。

何时真相能毫无忌讳、无遮无拦地大白于天下呢？似乎民众只能期待明君。或者期待自己可以掌握话语权时。

这个时代似乎来了：随着传播、交流方式的改变，时下越来越多的人加入到私人修史的行列——为家族、为祖父母、为自己。用日记、书信、口述、回忆录、自传的方式，写下私家、私人的历史。这些私人历史可以不出版，却不妨碍它们的广泛传播——比如用微博、微信、微电影，或者自费出版、展览，私下流通。人们仰赖于官方媒体、出版社的传播渠道的时代，由此成为历史。

我曾经在北京潘家园古玩市场翻阅过一些自费出版物。不少是子女们出钱、出力为父母、祖父母们"树碑立传"的回忆录，其中大多缺乏可读性，也谈不上有多少史料价值，但是，他们代表的是一群私人的声音，民间、个体的声音。这个声音可以为正史做补充、修正、映射，甚而解密、颠覆的工作，好让人们无限地接近历史的真实。

我有几位朋友，也在为修"私人历史"做准备，我偶尔会听到其中的一些章节片段，每每却都有被触到神经的感觉。比如一位朋友的母亲是八路军，18岁时就以双枪闻名于微山湖畔。解放后她成了一方地方官，60年代自然灾害时，她年届90岁的养母，托人从老家给她捎信来说："女儿，我饿。"养母对她有救命之恩，于是她明知是犯错误，也从粮库里给养母调拨了一袋粮食去，然后被严厉处分。曾经的辉煌与荣耀，都被这一袋粮食抵消。

在史书里，关于20世纪60年代的三年自然灾害，曾经只是寥寥数语，读起来，仅是一段文字，一个概念，或饿死多少人的数字，当我听到朋友母亲的这段故事后，却着实惊讶、感动，无言以对。历史的真实性，让人无法用是非来判断。而历史的复杂性，也不是史书上那一个名词、一个概念可涵盖。

私人记史让我们看到，个体有多少，历史就有多丰富、多少面向。当它们如碎片般汇聚起来时，拼出的就是一个真实的历史图像，而这，是任何一部正史都无法替代的。那么好了，谁的历史谁来说吧，这样至少不至于误导众生，蒙蔽真相。

2014 年 8 月号
"100 年的私人历史专辑"

问道

我们都是风俗中的人

这期的专题，我们几乎是在过年中完成的。直到正月十五那天，我还在与编辑们讨论一个问题：出现于两千多年前周代的传统节日上巳节，为什么消失了。

上巳节在农历三月初三，是古代中国人在春天来临时为踏青赏春迎春举行的一个盛大节日，在唐朝，它甚至是国家的三大节假日之一。但是唐代之后，它与寒食节都被并不是节日的清明兼并了，再后来，连节日里的诸多习俗和仪式也渐渐消失了，只给我们剩下一个叫"春游"的名目。我们现在的春游就是来源于上巳节的传统。

作为节日的上巳节是何时消失的？史籍语焉不详。只是在《新唐书·李泌列传》中有这样一段记载，唐德宗向四朝元老李泌咨询说："寒食多与上巳同时，欲以二月名节，自我为古，若何而可？"因此可以初步判定的是，作为假日，上巳节是在唐德宗在位期间(779—805 年)被取消的。到宋朝时，上巳节的主要活动之一——祓禊，即驱邪的习俗已渐衰。南宋诗人范成大为此还作诗感叹道："三日天气新，禊饮传自古。今人不好事，佳节弃如土。"

"今人不好事，佳节弃如土。"如果说，作为节日的消失是国家行为的话，依据范成大的诗，难道说，上巳节诸多习俗的消失则是百姓不愿为？我向一些民俗专家请教，他们的意见基本一致，就是：随着科技水平的进步，生产力的提高，上巳节已失去其现实作用，因此其中的一些仪式和习俗自然而然就会消失。换句话说，前人的许多行为在后人看来，就是一种迷信、落后、愚昧，因此不愿也没必要再继承了。

果真如此吗？让我们来温习一下远古时期的上巳节吧。

古人在过上巳节时是很有声色和滋味的。农历三月三，春正来临。春代表生，因此古人自觉地应和着这一时令，将一切用意都集于对生命的延续和身体健康长寿的企盼上，并用他们认为合适的仪式和习俗来表达。在他们心里什么是与春适宜和匹配的呢？比如水。他们要到水中洗浴，以祈福祛邪，祈求生子。为什么要到水中呢？因为在古人眼里，水是生命之源，人来源于水。这个水也颇有讲究，要"东流水"，因为东方代表生。上巳节还有在流水中浮卵浮枣的活动，不言而喻，卵和枣，都是先民的生殖崇拜，其用意与现在人要在洞房里撒花生和枣祝福新人早生贵子一样。还有，他们会用枸杞煎汤沐浴，使人光泽不老；采桃花浸酒饮之，可除百病；取荠菜花铺于床席下，以避虫蚁。总之，到了春天这一万物生长的时节，古人会用一切自然的办法，来寄托、承载自己的心愿，解决问题。

　　我很欣赏生活在农业文明时代的人，遇到困惑时，照例是求助于他们赖以为生的自然，因时而动，因时而变，也借时寄情。由此而派生出来的仪式和习俗到底有多少实际功效，我们无法得知，但是它们至少有抚慰人心的精神功效。从这一点来看，今人与古人其实是心心相通的。现代人也有很多类似的习俗，比如在小孩出生一个月时要做满月，一年要抓周；大年初一，又要去寺庙烧香。据报道，今年（2008年）前往北京雍和宫烧香的人多达6万，6万人都是信众？我想不会。更多的人还是希望点燃三炷香，祈福保平安。

　　确实，当科技水平发达到足以用人工授精、试管婴儿的方法来解决不孕的难题时，浮卵浮枣的风俗就显得很小儿科了，但科学并不能完全解决人的精神诉求。亚里士多德说，人是政治的动物或者说是社会的动物。文化人类学者说，人是文化的动物。民俗研究大师钟敬文说，人也是风俗的动物。

我忽然有一种豁然开朗的感觉，不必为上巳节的消失而耿耿于怀，不必厚古薄今，也不必厚今薄古，古今风俗行为背后的文化内涵和本质，其实是一脉相承的。所以直至今天，我们中秋节要吃月饼，元宵节要吃汤圆，我们以为自己很现代了，其实，我们和先祖一样，还是风俗中的人。想到此，我立即停下手里的工作回家。那时已是晚上8点，一路上，爆竹之声不绝于耳，我顶着此起彼伏的焰火，在灿烂的夜空下往家奔去——家人还等着我一起吃汤圆呢。

2008 年 3 月号
"重归上巳节"

清院本《十二月令图轴》，以细腻华贵的笔触，描绘了十二月间民家活动的场景。图为正月观灯。

夏至过大年？

　　清明节后，住在山里的朋友唤我去帮着种花，前院后坡的，说工程不小。还说，再晚的话，过了这个时机，花活不了。我愣了一会儿才琢磨过来，哦，原来自己家里种花也讲究时令。

　　这真是一种久违的感觉。年复一年，朝九晚五，守着钟表，盯着电脑的日子，已然麻痹了我们感知自然的神经，更不用说与自然节律合拍了。

　　然而，曾几何时，因时而动，不违天时，不失农时，一直是农耕社会的行为准则。我想起《诗经》里那首著名的《七月》来："七月流火，九月授衣。一之日觱发，二之日栗烈。无衣无褐，何以卒岁？"当七月大火星向西方沉落，天气转凉时，妇女们该缝制寒衣了。否则十一月北风吹，十二月寒气冷，没有粗布麻衣，将如何过冬？

《国风·豳风·七月》是一幅西周时期豳地悠然有序的乡村生活画卷，每个月，农人都有应景的事：正月修锄犁，二月去耕种。三月修剪桑树枝，四月远志结了籽，五月知了阵阵叫。六月纺织娘振翅。七月伯劳声声叫，八月开始把麻织……全诗8章，每章各11句，按时序叙事，俨然就是一首以物候和星象定农时的农事歌。

"野人无历日，鸟啼知四时。"这就是上古时期中国人的时间生活。奇妙的是，用这种简单、细致、观察自然变化的方法，中国人又总结制定出农事时间表——伟大的二十四节气："春雨惊春清谷天，夏满芒夏暑相连，秋处露秋寒霜降，冬雪雪冬小大寒。"仅仅28个字，就将一年365天的生活内容全覆盖。从此，在自然这个指挥棒下，中国人的生活节奏，与自然节律高度契合。

如果二十四节气歌仅仅是个农事时间表，中国人的生活就悲催了——不是生产就是劳动。富有浪漫想象力的中国人，在仰望天空时，想到的绝不止于此，他们又智慧地将二十四节气歌，变成一个节日时间表，庄严、有度、宴飨、歌舞、狂欢，生活之丰富随之而来。

从节气到节日，变化是如何发生的？众所周知，在农业社会，节气的准确与否直接影响着农业的成败、作物的丰歉，社会的治乱、国家的盛衰。因此，节气之重犹如生命之重。于是每当特定的节气到来之时，人们都要举行与这个节气相应的仪式和庆典活动，节日就这么应需而生。

举一个小例子。上古时期，设有鸟官制度，人们根据候鸟的迁徙，来确定时令节气。最初被确定的是 8 个最重要的节气：分、至、启、闭。"分"指春分和秋分；"至"指冬至和夏至；"启"指立春和立夏；"闭"指立秋和立冬。《礼记·月令》说，仲春之月，"玄鸟至，至之日，以大牢祠于高禖。"玄鸟即燕子，在燕子归来的春分时节，古人要举行高禖庆典。何为高禖？乃专司爱情、婚姻、生殖之神。

春分为何要祭高禖？因为春天万物生发，是繁育之季，会合男女，促进繁育，在古代当然是头等大事，所以天子亲往，并以最高的牺牲祭祀。有人说，高禖节后来演变为三月三的上巳节。

高禖节如今已消失得无影无踪，上巳节人们也颇为陌生，但是即将到来的端午节，却家喻户晓。不过，最源初的端午节可不在五月五，而是在夏至，那一天，苍龙星象升上黄昏时的南方夜空，北半球的白昼最长。白天最长也有可说道的吗？是的。因为此时中国大部分地区气温较高，日照充足，作物生长很快，需水极大，所以此时的降水对农业产量影响很大，农谚道："夏至雨点值千金"。那么为了力保丰收，就要举行隆重的祭龙祈雨仪式。这与后世演变为五月初五的吃粽子、赛龙舟，有着本质的区别。

东汉郑玄的《易纬通卦验》说："夏日至之礼，如冬日至之礼，舞八乐，皆以肃敬为戒。"冬至是怎么过的呢？根据民俗学者刘宗迪的考证，冬至是一阳复始的日子，也即一个新的季节周期开始的日子，因此，冬至也就是一岁之始元旦，冬至之礼，也是元旦之礼。每到冬至，举国上下纵乐五日，其间商贾不行、兵戈不动，所有日常活动尽皆停止，类同于现在的过年。由此可见夏至也要纵乐五日，仿如过年。有趣的是，冬至和夏至分别过年的文化遗存，在如今的凉山彝族还可以见到，即夏天和冬天的两个火把节。

我想起了甲骨文的"年"字，那是一个人背着谷物的样子，《说文》曰："年，谷孰也。"取禾谷一熟之意。这表明农耕民族是以谷物的生长周期纪年，"年"就这样成为农业社会的时间标志，它体现的是农人的生活节律，最后却成为一个重要传统，在中国延续了三千年。

因自然节气而诞生的节日，如今已成为中国人的一个节庆时间，在我们平淡刻板的钟表时间里，加上了一个仰望天空的休止符。

2015 年 6 月号

"中国时间"

今夜露白月明

　　11 月 22 日是小雪节气，那天天气却晴好。午时晴转多云。"小雪"会下雪吗？我很关注。但是最终雪花也未曾光临。有报纸解释说，北京"小雪"无雪，是因为二十四节气反映的是黄河中下游地区的气候特征，地处华北中部的北京，每年的初雪应比这稍晚几天。

　　小雪的失约，令人略感失落。我大概有些崇古心理，总希望老祖宗传下的东西，能像灵丹妙药般有效。记得 20 年前的北京，一到立秋，不论早晚，雨，总会如期而至，然后天气即刻从炎夏转为爽秋。而早先住在南方时，每逢"惊蛰"，准会听到天边传来的隐隐雷声。

　　其实，要求创立于两千多年前的二十四节气，至今依旧能与各地气候一一对应，既苛刻也不符合自然之本。首先，当时中原地区的气候比现在温暖湿润得多；其次，不同纬度、高度，沿海还是内陆等等，都是造成气候差异的因素。所以公元817年4月28日，诗人白居易游庐山大林寺，才会写下这样的诗句："人间四月芳菲尽，山寺桃花始盛开。"

二十四节气的确立，有天文、气象、物候的根据。所谓天文，即依太阳在黄道上的位置来划分。将太阳从黄经零度——此刻太阳垂直照射赤道——设为起点，每前进15度为一个节气。运行一周360度，一回归年，正好为24个节气。因此24个节气，准确反映了太阳照射地球的角度，也准确反映了四季的变化。其中8个节气的名称，春秋"两分"，冬夏"两至"，春夏秋冬"四立"，就是这样确立的。而其余节气，则围绕如何指导农事而定。

当时的农业生产主要是看天吃饭，于是二十四节气反映了气温变化，如大暑、小暑、处暑、小寒、大寒；反映了降水情况，如雨水、谷雨、小雪、大雪；反映作物的成熟和收成时机，如小满、芒种；还反映了物候现象，如惊蛰，等等。当基本的气候现象、规律被二十四节气描绘、总结出来，成为阴历的补充后，农民们即可依历而行。不过中国地域广大，南北有差异，东西各不同，所以谁都不会笨到只知遵从，不知调整。根据什么调整呢？物候。动植物是最好的老师，它们会随气候、气温的变化，而有相应表现。花开、燕来、蝉蜕壳，都有时间表。陆游在《鸟啼》诗里对此有点睛之句："野人无历日，鸟啼知四时。"

二十四节气是大自然的语言，中国人善于遵从自然之令，来调整生产生活。日久天长，这些经验被沉淀、总结下来后，就形成了纷繁多样的月令、农谚、民俗、民谚，世代传承，并规范、指导着中国人的生活。诸如"春分有雨家家忙，先种瓜豆后插秧""清明节前茶好饮，谷雨前后饮好茶""冬至饺子夏至面"。

写到这，想起今年的"霜降"日。临下班时，编辑小薛很神秘地对大家说："今天回家都吃一个柿子吧，保证一年不感冒。"不料约莫半个月后，他就感冒了，让大家好生笑话。

霜降吃柿子是南方的习俗。其道理是，柿子一般是在霜降前后完全成熟，此时的柿子皮薄肉鲜味美，因此霜降是吃柿子的最佳时机。柿子所含维生素和糖分比一般水果高 1~2 倍，倘若一天吃一个柿子，所摄取的维生素 C，基本上就能满足一天所需。柿子还有润燥止咳的作用，因此霜降吃柿子防感冒一说，并不完全是空穴来风。只是传到后来，被神化了。其实其本意是：在特定的季节吃相应的食物，效果最佳。

在合适的时间做合适的事，不违背天时，是中国人顺应自然的哲学观的体现。与此相似的习俗，可谓林林总总。诸如立春吃春卷，立秋贴秋膘。

在广州、香港，还有"惊蛰打小人"的习俗。

惊蛰为什么要打小人？"惊蛰"是指蛰伏在泥土中的生物开始苏醒，出土活动。于是人们相信，惊蛰一到，不仅害虫出动，连小人也开始现身。于是打打小人，小人便不会缠身。这种由自然引伸到社会的现象，表现了人类趋吉避害的心理。

由此想到一个问题：今天我们应该如何看待二十四节气？是相信它是灵丹妙药，还是视其为糟粕？我曾在微博上做过相似的问卷调查，结果 98% 的人认为二十四节气还有用。有一位网友说得好："它是一种过日子的象征。"

实事求是地说，全球气候变化，会导致二十四节气实际效用的降低，但是，因其而生的民俗、民谚，已然成为文化，与我们的生活水乳交融。一年 365 天，因为有了二十四节气，也不再是机械、冰冷的阿拉伯数字，每过 15 天，生活这个舞台的背景，就会被更换一回，那是鸟飞鱼跃，绿满窗前，天心月圆。我想起杜甫的诗："露从今夜白，月是故乡明。"倘若没有二十四节气，杜甫也就无感而生了吧。

2010 年 12 月号

"你和我的廿四节气"

金文

甲骨文　　　　　　　小篆

萌芽，是自然界反复出现的图景之一，这正是"生"字被创造的源泉。
（摄影：Wataru Yanagida）

我的困惑

10月号的"汉字专辑",让很多朋友满怀期待。哪些字能入选呢? 大家都很好奇。

我也期待过。我预想的结果应该是见仁见智,千人千字,呈现出一个五彩斑斓的景象来。然而当100个汉字出笼时,却很是意外,尤其是票数比较集中的汉字,若将它们排列起来,几乎就是儒家文化的关键词:天、和、礼、道、德、仁、义、忠、信、中……再查看一下我们同时在网上做的推选活动,结果竟也相同。治学严谨的学者和思维活跃、个性纷呈的网友竟殊途同归了? !

读完所有的推荐理由,又逐一看完介绍这些字的文章,我有了结论:尽管有无数人认为国学、儒学等传统文化已日渐势衰、没落，尽管动不动就有人说"你out啦！"，尽管很多人热衷于在网络上"偷菜""收菜"，尽管现在新生了一代"宅男""宅女"，尽管有不少"丁克"家庭、"空巢"家庭……但实际情形似乎是，在当代国人心目中，传统文化依旧是中国文化的核心与代表。换句话说，礼义、道德、仁爱、诚信、忠恕、孝敬、中庸、和睦等等儒家思想，依旧是中国的形象标签。

我感到难以置信。数千年来中国人曾多次想打倒"孔家店"，挣脱礼教的束缚，按理说早该叫日月换新天了，结果以今天的现实看，春日依旧，江月依旧，孔子所倡导的儒家思想，像风，像雨，像空气般，依旧贯穿、渗透在中国人的生活、行事准则里。

想起一位北大教授，一次我们闲谈说到，生活中有个固定不变的"节目"，每个星期都要给在上海的老母亲打电话，问个安。这样他安心，母亲也心安。当时他约莫65岁，头发已白，母亲则有90岁左右。想到两位老人几十年来各居一方、各执话筒的景象，令人动容。他们，一个是"孝"，一个是"慈"。

有位搞地质研究的朋友，婚后育有一女，遂始终无法释然。前几年终于下决心生了第二胎，不料还是女孩。于是愈发不能释怀。这也是孝字在作怪了："不孝有三，无后为大"啊。

还有位朋友，那天大概酒喝得多了些，忽然夸起自己的老婆："有一年的大年三十，一位外地朋友忽然来电话要借10万元钱，我手边没有，就打电话回家让老婆给汇去，当时大约已是黄昏，该是忙着年夜饭的时候。但是人家接了电话，二话不说，拿了卡就上银行去了。女人能做到这样的，不多。"他滔滔地说。我想，这在他是"义"，在她是"德"。

还是一位朋友，在出版界也很有些名望了，想换车。心仪的对象是丰田皇冠，却不敢买。因为顶头上司的座驾也不过同等水准，于是他降下一级，买了丰田锐志。横亘在他心中的是"礼"。

还需要往下说吗？例子不胜枚举，信手拈来。以小见大，见微知著，这就是中国人。

历史学家许倬云先生在他的有关中国文化的著述中说，每个特定地区的人，在应对特定环境时都会做出许多选择，这些最初的选择就成为某一文化的基调，它们相当于生物的基因。这些基因留下的信息，会不断地传递给后代，形成独特的应对自然和社会的方法。在没有其他新的条件和新的情况发生时，这个社会就会不断沿用既有的方法，这就是知识的延续。

早期中国先民所处的自然环境是黄河流域，地大物博，良田肥沃，四季分明，遂形成农业文明。北大考古文博学院教授张辛说，农业文明是靠天吃饭的内足性文明，春播，夏作，秋收，冬藏，不能与天争，也不必与人争。顺应自然而有序地生活，呈现出明显的生活规律性，是典型的时间文明，"和"的文明。而西方文明的前身多属海洋文明或游牧文明，是流动性、内不足文明，属于空间文明，从此地到彼地，一定伴随着斗争、掠夺、殖民和杀戮，因此是"争"的文明。

不争的文明，后来选择了对内顺应天命，崇尚礼乐，和而不同，以和为贵；对外讲信修睦，协和万邦，即儒家文化，这种文化又因中国文明的绵延不断，得以承续，终至成为中国人的文化基因。于是若用汉字给中国人画一幅肖像，那就是仁义礼智信，温良恭俭让。

也许我该为此结论感到高兴，但是却没有。当农业文明被工业文明取代，当古代相互隔离、封闭的区域国际体系被近代全球性的国际体系取代后，不争的文明被争的文明冲撞得且战且退、无法自安，无力招架。中国惨痛的近代史就是明证。在这种情况下，以德服人、以和为贵恐怕行不通。但是如何面对"争"？或许可以用孔子说的"恕"。但有效吗？我很困惑。

2010 年 10 月号

"最中国的汉字专辑"

地图如画，画如地图

几年前，结识了一位研究古地图的朋友，她但凡给我介绍古地图时，先要强调一句："古地图很美观，但不精确。"言下之意大概是：你就把它们当画来看，不要太当真。

确实，人们对地图最普遍的要求就是客观真实，地图的精确度越高，对地物的反应就越接近客观真实，也就越便于人们按图索骥。而古地图在表现地物之间的距离、高差以及方位时，有时不甚讲究。大多数绘图者采用的是平面与立面相结合的形象表示法，而非现代的地图投影和经纬度法，其结果是中国传统地图就像是图画地图，地图如画，画如地图。有史实为证：在唐代，地图被认作是画的一种，唐张彦远编著的《历代名画记》，就将东汉张衡和西晋裴秀绘制的地图收录其中。

不过，像画的地图就不好吗？地图的功能只是表达地形、地貌、地物吗？如果我们能宽容一点，接受地图还有其他功效，换个角度，如山水画般的古地图，就趣味盎然了。

1973年长沙马王堆三号汉墓出土了3幅绘在帛上的地图。这3幅图分别是地形图、城邑图和驻军图。驻军图所包括的范围是汉代长沙国南部营浦县、龁道县（今湖南省道县、蓝山县一带）一部分，以及南越国与它们交接的地区（今广东省北部）。其主要内容为军事或与军事有关的驻地，还有居民地。图上的"乡里"，均以红色圆圈表示，以里为名的有42处，其中有21处注明了户数。没有人居住的村子上则写着"今毋人"。最有趣的是，有5个里注着"不反"，如"龙里百八户不反""经里五十七户不反"。"不反"是什么意思呢？

据专家鉴定，墓主是一位三十多岁的将军，图是他在某次战争中绘制并使用过的军事地图。经测定，其时大约为汉文帝时期。那时那一带发生过战争吗？据历史文献记载，在公元前187至前180年期间，在驻军图所标定的范围内，即汉初南越国与长沙国交界处，曾发生过两次规模较大的战争：南越军队进攻长沙国，后来在汉中央军队的协助下，长沙国才将南越军队击退，那些"今毋人"的注记，述说的就是战争带来的恶果：许多村子因战火而荒无人烟。而上述的"不反"两个字，描述的则是另一番景象：南越国攻打长沙国时，有许多居民曾凭借着军事要塞，坚守不降，未曾反叛汉朝！这幅图当是南越军队退去后绘制的，绘图者大概不会想到两千多年后，还有人会与它相逢，并透过它身上的一笔一画，猜想汉时明月汉时风。

说到风，让我想起另一幅地图。1971年出土于河北省安平县一个东汉墓中的庄园图。图中描绘的是东汉时期地主庄园的庭院建筑，可谓庭院深深深几许。不过引起我兴趣的，是位于整个建筑后部的一座5层高的瞭望楼，其最上层西北角处，竖有一个高出屋脊的黑色旗杆，杆顶上有一只黑尾、头向着风的来向的鸟形物，杆子的中部和上部两侧均有绿色飘带顺风飘飞。翻阅注释方知，它就是史书上常提及的中国古代风向器——"相风鸟"或曰"相风旌"。我们应向古人致敬，为了他们的智慧。相风旌就是古人聪明才智的体现之一：每当风来，风吹旌飘，鸟随风转。鸟动百里，风鸣千里。多么富有诗意的创造！

中国用"相风旌"观风、测风的历史非常悠久。早自殷代，先民们就创造出了测风的方法，即在风杆上系布帛、茅

　　　　　　　　　　　　　　青史有意

草、鸟羽之类的东西，至汉代，测风器已极为普遍。当时汉长安城内建有双阙，阙上即安有铜雀或称铜凤凰，古人是这样描写它的："高五尺，饰黄金，栖屋上，下有转枢，向风若翔。"东汉时，张衡制造了相风铜鸟，并将它置于汉朝的国家天文台——灵台上，与浑天仪如影随形。

"东风初报相风旌，后苑春深草色青。忽听鸣禽惊散去，谁从花下掣金铃。"这是宫词中对相风旌的描绘，以往读到时我从未曾想过它的模样，不料此次忽然就得了机缘窥见到它的真容——考古学家说，这是最早的相风铜鸟图形。而西方什么时候才有类似的测风器出现呢？直到公元 9 世纪（一说 10 世纪）才发明候风鸡（weather cock）。

美国华裔学者余定国在他的《中国地图学史》里表达了这么一种观点：中国传统地图是中国传统文化的产物。换言之，也可以说是诗与画的产物。于是中国古地图超出了对地表状况表示的范畴，更强调地图的多功能性。因此，古地图这样来阅读最好：左图右史，或者，左画右诗。

2008 年 4 月号

"古地图：中国的印记"

左图为清代界画《圆明园四十景图咏·万方安和》，右图为直隶长城险
要关口形势图局部（沙坡峪和罗文峪）。在军事上有重要意义的形势
图，出人意表地采用了山水画法，将长城沿燕山山脉绵延起伏的雄伟英
姿展现了出来。画与地图间你中有我、难分难解的纠缠关系，在这两幅
作品里得到了精彩的演绎。

红色作为五色之一，一直为帝王所钟爱。明朝国姓为"朱"，又肇兴自红巾起义，故不仅崇尚红色，更是禁止民间染指。明代帝王对红色的这种偏爱，被毫无保留地倾注在北京故宫的营建用色上，纯正而富有张力的朱红色，尽显华贵，又不失威严。（摄影：李少白）

颜色，这个文化的基因

在澳大利亚东部的热带雨林中，生活着一种鸟。它有一个好听的名字：缎蓝亭鸟。这名字几乎可以说是为雄鸟取的，因为雄鸟有着一身蓝黑色的羽毛，如绸缎，泛着幽蓝的光。而黄绿色的雌鸟，长相就逊色多了。

那天是在电视上看见缎蓝亭鸟雄鸟的，它正忙着四处叼拾颜色漂亮的宝贝，诸如鲜花、贝壳、浆果之类的，往一块1平方米见方的场地上放。我很好奇，它要做什么？原来这些都是它搭筑爱巢的饰物，好在繁殖期到来时，吸引雌鸟的青睐。

为了繁衍生命，缎蓝亭鸟雄鸟认准了美丽的颜色有助于它完成这一光荣的任务。这种来自于基因传递的知识，在动物界并不罕见。比如沙漠里的动物，大多数都有微黄的"沙漠色"。雪地动物，都有一层白色外衣。生存于险恶环境中的野兔，毛色都是土黄的。这些颜色的选定，按照达尔文的解释，都是生物在长期的自然选择中形成的，可谓繁殖色、保护色、警戒色。

为了生存和繁衍，人会有同样的行为吗？是的。

1930 年，北京周口店发现了著名的山顶洞人遗址。遗址分上下室，上室为居住用，下室为埋葬用。在下室的三具尸骨四周，撒有赤铁矿粉。为什么要撒红色的粉末？专家认为，远古人首先认定红色有"通神"的作用。在原始人的观念里，有着与血和火一样颜色的赤色，它们之间一定也有着某种神秘的联系，按德国哲学家恩斯特·卡西尔的观点，这叫原始人的"相似率思维"。撒赤色粉，是希望能够让已经冰冷的尸骨，热血重流，死而复生。

山顶洞人距今约 3 万年，这意味着，早在远得我们无法想象的年代，原始人已经会用颜色来表达主观诉求。

其实这种用颜色表达生命诉求的现象，也出现于尼安德特人遗址中，这些欧亚大陆的早期智人，同样会用红色的赤铁矿粉涂抹尸体。原始人最初认识世界的方式，想来大致相同。

不过人不是鸟，人的诉求也不会仅仅停留于对生存和繁衍问题的解决。人还会关注、寻求对所有未知问题的解答。诸如天地是什么，宇宙如何运转，"我"又是谁。当集团、阶级、阶层逐一出现后，一部分人又想着如何控制社会群体、稳固统治地位、规范行为秩序。于是，有更多的颜色，被人类用以表达日益复杂的内心诉求，被赋以抽象的含义，颜色遂有了文化的内涵。

放眼全球，分布在世界任何一个角落的任何一个民族，无一例外，都有自己的颜色文化。而中华民族独领风骚。何来如此底气？

这几乎是一个人尽皆知的公式：东方属木，色青；南方属火，色红；西方属金，色白；北方属水，色黑；中央为土，色黄。五方位、五元素、五原色，它们几乎就是构成宇宙的基本要素，用一个公式，即可统括世界，这样的智慧，只能让人五体投地。

而接下来的更为精彩：智慧的华夏人，在此基础上，又融入了阴阳学说，从而创造出一整套完备、成熟并且具有哲学思想的颜色体系——"五色体系"，并用这个体系来指导、规范社会秩序和人的行为，以至于一部五色体系，就几乎是一部色彩治国史。

如果能穿越到古代，你一定会被颜色左右，"五色体系"像一部无形的"色彩法"，无所不在。颜色如何能成法？奥妙在于颜色的等级。至少早自商周，人们便认为，可以直接从大自然提取的五原色，是正色，而用五原色相混而来的颜色，是间色。依此原理，颜色的等级是：正色贵，间色贱。

周朝是一个礼制完备的时代，统治者处心积虑，希望用一套尊卑有别的制度，来规范、约束各诸侯国及百姓，以稳固其地位。这一诉求，也表达在对颜色的使用上了。接下来的情形便简单了：用正色还是间色，就看你是什么级别。

周朝把统治阶级分为五个等级：天子、诸侯、卿、大夫、士。遇见生人，如何识别其地位以免冒犯呢？看他堂前柱子的颜色：天子是朱红色，诸侯用黝黑色，卿大夫为青色，士人黄色。天子佩挂的玉是白玉，诸侯是山玄玉，卿为水苍玉，士子只能佩美石。而系玉的丝带，也有颜色之别。

用颜色来明贵贱的制度，幸好随着封建王朝的结束而渐趋消亡，但其印记却存留着。比如江南水乡那如诗如画的粉墙黛瓦，便是一种建筑等级的体现。红墙、黄瓦、朱门，那都是统治阶层使用的，而底层百姓，就只能用无彩系的灰、黑、白。东南大学的余雯蔚、周武忠在《五色观与中国传统用色现象》一文里说，这决定了中国传统民居朴素的风格。由于古代都城大多置于北方，所以民居越往南，黑白色差就越鲜明。诗情画意原来是一种无奈。

看来，颜色的基因传承不仅动物有，人类也有。只不过人所传承的是一种文化的基因，它有时会被改变。

2012 年 11 月号

"最中国的颜色专辑（上）：中国美色"

从『银鼠灰』到『典雅灰』

鲁迅小说《风波》写了一个很有意味的人物——九斤老太。九斤老太对现实很是看不惯，嘴里成天挂着的一句口头禅就是"一代不如一代"。最近我忽然想起这个人物、这句话，在当今一切全球化、西化，传统文化日渐势衰的社会里，她的"一代不如一代"理论，应该颇有共鸣者。

不过，"九斤老太"式的思维显然是绝对化了，因为有些事如果非要照旧例行事，也许反倒贻笑大方。比如对颜色的使用。

中国传统用色观，是一整套以五行学说为理论指导的用色体系，并依此来规范人们的生活行为。比如五色说认为，在东西南北中这五方里，东方为太阳升起之处，故东方属木，木色为绿，代表着新生、富有朝气的皇子居住的建筑就要用青色。而土居中央，土为黄色，贵为天子的皇帝就该穿黄、用黄。其余宰相、大臣，则各自依照自己的官阶，穿红用紫佩绿。

如果要因循此理，那么会出现怎样的情形呢？国家主席只能穿明黄色西服，总理、委员、部长等各级官员们，则穿红西服、紫西服、蓝绿西服，结果是，一开会大家就会笑场吧？

设计世博会中国馆的宋建明先生有一句话我颇为赞同，他说，故宫是中国木结构建筑的用色典范，但是这种颜色搭配能生搬硬套到现代建筑上吗？显然不能。所以，这个时代之所以弃传统而去，不是因为今不如昔，而是因为今不是昔。不是这一代不如上一代，而是因为这一代不是上一代。

今世是何世，昔年又为何年？先辈们早就给出了一个极简约的答案：工业社会与农业社会。一工一农，貌似简单的分类，但工业文明与农业文明的差异，却是一个质的区别。这当然也是一个简单的、人所共知的道理，但当我品味汉字中的色彩字词变化时，却发现这一变的不简单。

台湾学者曾启雄先生对中国传统色彩研究造诣颇深，根据他的著述可知，在迄今为止已知的最早的文字甲骨文中，表示颜色的字已出现了赤、青、黄、白、黑、幽、玄、皁（皂）。这8个字意味着什么？远在三千多年前，人们已捕捉到了自然中的五原色，并有能力用文字符号加以表达。

众所周知，国际上通用的表现基本色彩的单字是牛顿划分并命名的红、橙、黄、绿、蓝、靛、紫，中国人的赤、青、黄、白、黑五色显然与之不同。原因何在？

首先看牛顿的方法：用三棱镜将透明光分解成彩虹般的彩色光线后，再模仿音律的调和原理，将彩虹的色彩划分成七个色阶。

中国人呢？我手写我所见——按象形法造字：比如"赤"从火，"白"象日光，而"黑"，则仿如锅在火上烧烤，是火所熏之色也——一切来源于对生活的感受、观察、体验，然后用直观形象和表象来表达，这恰是中国人的思维特征——以形象思维见长。这也成就了汉字的造字能力和表达能力——世界有多丰富，汉字便有多少；世界有多美，汉字就有多美。这一点，不用举例，谁都可以信手拈来。诸如：鹅黄、柳绿、荷红、天青、鱼肚白。

不得不感叹古人对世界观察之细腻、敏感，赋色之精妙。

但是，一旦时代骤变，比如生产力的提高，生产方式的改变，词汇也立刻受到影响。比如曾经为古代重要生产工具的马，就遭遇到天上地下两重天的境遇："马"字部中专门表现马匹毛色的文字曾经有 36 个，诸如骊，纯黑色；骐，青黑色；骢，青白相杂。但交通方式改变后，马不再重要，那些用不上的字，逐一"死去"。

与"马"有相同遭遇的是"糸"部，在东汉《说文解字》里，"糸"部表达色彩的单字有 48 个，可见其时色彩染织的盛况。王充《论衡·程材》对此即有生动的描写："齐郡世刺绣，恒女无不能；襄邑俗织锦，钝妇无不巧。"但是，曾经的染织大国，如今谁还识缇（zōu，青赤色）緹（tí，橘红色）？

用植物、矿物染色、炼色，千变万化，这是自然的奇妙。而作为其符号的汉字，也几乎能一色一字，色相万千。二者相辅相成。这种自然的、个体的、散淡的农业文明生产方式所带来的景象，是诗意的。但是工业文明则不同了，高度集中、统一、模式化、充满理性，就像说明文。

还可以以颜色字词为例。比如原意为灰烬的"灰"，大约在晋朝时又发展为颜色字。与其他颜色一样，起初，灰也有许多足以让人展开联想和想象的词汇：藕灰、鸽灰、铅灰、墨灰、兔灰、银鼠灰。而今人们最常用的是什么呢？银灰、浅灰、深灰，甚而有之，还有叫典雅灰或高级灰的灰。

我无法想象典雅灰和高级灰的色相，只能约略地知道其风格。银鼠灰和典雅灰的区别是明显的，但不能说"一代不如一代"，不过，在我心里还是有个评价，那就是银鼠灰们的消亡，就是诗意的消亡。

2012 年 12 月号

"最中国的颜色专辑（下）：寻找中国美色"

　　不止一位朋友和我描述过将来退休后的生活。一位酷爱玩车的说："开一辆房车，和太太一起周游中国，想停哪停哪。"一位有志于改变中国的说："要开一辆放映车，和太太一块儿到农村巡回放电影，用电影支教乡村。"

　　友人描摹的老年生活，听起来都很洒脱、时尚，不像"回家看孙子"这般落俗，颇有发达国家老年人的生活范式。有钱，有品位，不受世俗羁绊，足够令人艳羡。但是，当我听到另一种未来生活的描述时，心头涌起的却是一股久违的温情。这位朋友说："再过两年，我要带着全家回老家，开一家书院，教我们村那些孩子们。"

　　这位朋友的家乡，在广东雷州半岛。十几年前，好不容易才把妻子女儿迁至北京，前几年又添丁生子，日子越来越红火。打拼了半辈子，忽然又举家回迁，前半辈子的路，岂不是都白走了？

朋友这样回答我："叶落归根。我要回去守候我的家族。家族祠堂还在，逢年过节都要祭祖的，母亲渐渐老了，需要我们回去接班了。""那你也没必要把孩子也带回家啊，在北京发展多好。"我说。"孩子只有从小接受家族的熏陶，潜移默化的教育，将来才有传承家族的意识，否则，一定会忘本，忘记祖宗的。"

我默然无语。在他心里，家族、祖宗是如此重要，以至于超过了他儿女的前程——当然，这个前程，是我们认为的前程。

家族有那么重要吗？现在还有家族吗？一定有不少人会问。确实，如今心里还念有"祖宗"二字的人已不多了，家族早已分崩离析；家，更是变得越来越小。子女们期盼的无不是远离长辈，过二人世界。即便老了，也是老二人世界。或者干脆就是一人世界——进养老院，哪有什么可传承。

我曾经对家族的存在与否也毫不在意。但是最近当我接近它、研究它时，却忽然感受到它的珍贵和价值。毋庸讳言，传统的家族聚居生活模式有不少弊病，比如压制个性。但是，它的好处也是显而易见的——举家族之力，照料每个家族成员。这个照料，可不仅仅是嘘寒问暖而已，而是保障基本生活条件和人生教育。

现代著名教育家蒋梦麟在他的自传里，描述过他的家族生活，那是一段温暖人心、按部就班、传承有序的乡村岁月。

蒋梦麟的家乡蒋村，离杭州湾约二十里之遥。从蒋姓迁入余姚的始祖算起，到他是第十五世，已500多年。500余年来，蒋村看到了元朝的没落、明朝和满清的兴衰。朝代几经更迭，而蒋村的生活，依然故我。

由于自然条件良好，村民生活得和平而满足，没有贫富之差，善恶也自有公认的标准——"万恶淫为首，百善孝为先"。商业往来，讲究一诺千金，欺诈之人会受到亲朋的唾弃。村里的事，交由族长处理，不需外界干涉。田赋则由地主送到离村二十里的县库去，粮吏从不必来村子里，以至于老百姓根本不理会官府的存在，正是"天高皇帝远"。除了崇拜祖先是必须之外，村里人想信什么信什么。然后该过节时过节，该过年时过年。

蒋氏有一家庙曰"四勿祠"。奉祠的是宋朝时当过御史的一位祖先。何谓"四勿"？就是《论语》里的"非礼勿视，非礼勿听，非礼勿言，非礼勿动"四句话。不过这位御史公把这四勿改为勿欺心，勿负主，勿求田，勿问舍。这就是蒋家自古流传下来的治家格言。身为蒋家子孙，走进家庙，大概就会想起祖先拟定的"四勿"来，进而联想到《论语》的四勿。这种教化，就是潜移默化，且根深蒂固，代代相传。大约可以这么说，只要家庙在，"四勿"就在。

这就是蒋氏的家族环境，蒋梦麟的童年环境。少成若天性，习惯成自然。一个人的童年和少年的可塑性最大，因而家庭的影响往往也会伴随终生。后来中了秀才、留学美国又一度担任北京大学校长的蒋梦麟，如此评价自己的家庭影响："大致说来……是良好而健全的。"

由于家族是个集体，维护集体利益、形象，就成为家族的首要问题，因而与之配套的家训、家规、家风、家学等等家族的管理与教化，都应运而生。我翻阅过很多家族的家训、家规，发现中国人寄予子孙的期望，其实大同小异，核心都是儒家所倡导的仁义礼智信。比如出了七个进士的翁同龢家族的家训只有三条：耕、读、忠厚；韶山毛家的家训是：培植心田、品行端正、孝养父母、友爱兄弟、和睦相邻、教训子孙……我想如果人人都能遵从，不仅家族安宁，还会构成一个和谐社会。而这其实也是古人看重家族的原因之一——由家而国，即孟子所说的"推恩"思想："老吾老，以及人之老；幼吾幼，以及人之幼。天下可运于掌。"

从这个角度想，家族就像一所大学校，那么既是人才培训基地，就需要人去维护和传承。此时再看"不孝有三，无后为大"这句话，还真是不差。

2013 年 12 月号

"最中国的家族专辑（下）：传承与传奇"

《历代帝王图》中的汉光武帝刘秀。其头上所戴，即冕冠。每一部分，皆有含意。此画作者传为唐代画家阎立本，现存摹本，藏于美国波士顿博物馆。

冠冕何以堂皇

1928 年，洛阳金村古墓出土了战国时期的数千件文物，其中有一件是错金银刺虎镜，一个披甲、执短剑、戴冠的骑士赫然其上。很多人关注他是否是骑兵，因为战国时期，骑兵乃中原地区的新式兵种。而我所感兴趣的是他冠上左右两边插的羽毛，根据专家解析，那是鹖尾，骑士所戴就是鹖冠，乃战国与汉代武官之冠。鹖性好斗，至死不却，武士冠上插以鹖羽，以示英勇。因此后世武官皆戴鹖冠。

武官戴鹖冠，那么文官呢，戴进贤冠，意喻有举荐贤能之义务。进贤冠就没有诸如笔墨之类的装饰吗？还真有。在山东沂南汉墓出土的画像石里就有这么一个画面：两位身穿袍服的奏事官吏，头戴进贤冠，耳旁像簪花一样插着一支笔，叫簪笔。簪笔是汉代一种制度，官吏奏事必须书写于奏牍也就是木简上，写完笔没处搁，就插在耳边，后来竟成官制具文。到了北朝时，还可见到簪笔，只不过换了一种形式，由冠后悬垂一根缨穗到额前，叫"垂笔"。

看来，一种服饰的出现与流行，有各种各样的缘由，但纵观中国服饰史却会发现，其中权重最大的，是政治因素。我们还可以冠为例。

在古代男士的冠中，最为尊贵者是冕，它是帝王、诸侯、卿大夫所戴的一种礼冠，专用于重大祭祀，叫冕冠。令今人不可思议的是，冕冠的每一部分都有说法。比如顶盖，叫冕板，一般为长条形，前圆后方，后端又比前端高出3厘米左右，这是象征戴冠者匍匐俯伏，表示对天地宇宙的尊崇；冕板的前后两端，分别垂挂数串玉珠，被称为"旒"，一旒就是一串珠玉，旒的多少视身份而定。帝王专用十二旒，其余按等级递减：九旒、七旒、五旒。在冕板的两侧，还垂有两根丝带，丝带下分别系着一枚丸状玉石，名曰"充耳"。

垂旒与充耳的设计是有用意的，分别用来"障视"和"止听"，即提醒你在庄严神圣的祭祀场合时，不要看不正之物，听不正之语，所谓目不斜视，耳不旁听。成语"视而不见""充耳不闻"，即由此而来。

如此累人的冕冠还有人不嫌烦，北周时期，宣帝将皇位传给太子，自己当太上皇，自称天元皇帝。那怎么区别两人的身份呢？简单，太上皇的冕冠用二十四串垂旒就好了。但是旒数多了，走起路来是不是就得更加小心翼翼，缓步而行了？是的，戴冠的用意之一，就是要让你端正行走。身形一端正，人就显得有气派，所谓冠冕堂皇。

当然，冠冕不仅仅是为了堂皇。古人给男士设计冠的目的在《礼记·冠义》里说得极明确："冠者，礼之始也。是故古者圣王重冠。"礼是古代社会的典章制度和道德规范，用于定亲疏，决嫌疑，别同异，明是非，相当于帝王稳定社会的定心丸，所以孔子才会对"礼崩乐坏"忧心如焚，发誓要为弘扬周礼而鞠躬尽瘁。礼有如此宏大要义，那么作为礼之始的冠，当然也就身价不凡。所以冠不是随便什么人都可戴的，汉代训解词义的书《释名·释首饰》说："二十成人，士冠，庶人巾。"——平头百姓还没有戴冠的资格。

古代贵族男子到了20岁，就要举行隆重的加冠典礼，以示成年，然后便拥有了本集团所应有的权利并尽义务。冠礼极复杂，仅加冠仪式就有三次，第一次是加缁布冠，第二次是皮弁，第三次是加爵弁。三种冠分别用于日常、田猎战争和祭祀，也象征着日常生活、战争和宗教生活。那么可想而知，有如此象征含义的冠，不可乱戴，乱戴意味着不尊礼。

《左传·襄公十四年》记载了卫献公一桩失礼之事。卫献公请孙文子、宁惠子来喝酒，两人身穿朝服在朝中等候，结果卫献公竟忘了约会，在园中射猎。两人便到园中见他，卫献公没脱皮弁就出来了，于是惹得"二子怒"。可见，帝王对臣下也不能无礼。所谓君子要正其衣冠。

"君子正其衣冠"乃孔子语录，其意不仅在于要穿戴整齐，以示有教养，还在于衣冠周正，符合礼仪，才是君子品格。有人说这叫衣人合一。这让人想起孔子的弟子子路之死。

《左传·哀公十五年》说，卫灵公的儿子蒯聩，打算倚重外甥、卫国执政大夫孔悝实施政治计划。孔悝不肯，便被挟持。子路是孔悝的朝臣，听说后便去阻拦，蒯聩就派人追杀子路。一介书生怎敌武士？武士挥戈打断了子路系冠的缨带，冠要掉了，子路高喊："君子死，冠不免！"在死亡面前，子路还要结缨正冠，可见衣冠之重！

　　子路为冠而死，说明服饰制度具有何等经国治世之用。这么一想，冠冕确实要堂皇。

2015 年 2 月号

"天朝衣冠专辑"

我见青山多妩媚

赵孟頫是宋元之际的名画家，在其传世的山水画作品中，年代最早的一幅是手卷《谢幼舆丘壑图》。画面上，浅山环绕，林木氤氲，溪流蜿蜒。河岸上，一位文人高士静坐在席子上，凝视着河水。

画上有赵孟頫儿子赵雍的题跋，说这幅画是他父亲早年的画作，绘于1286年赴大都也就是北京之前。

根据艺术史家李铸晋的研究得知，赵孟頫1254年出生于宋宗室之家，是宋太祖的后裔。1286年，江南地区有20余位博学多才的汉人，应忽必烈之邀入京，赵孟頫也在征聘之列。临行前的画是别有含意吗？是的，因为画中人不是普通人。

幼舆，乃西晋名士谢鲲，出自当时赫赫有名的大家族——陈郡谢氏，官至豫章太守。谢鲲年少知名，有高识。父亲尚儒，他却从玄，好《老子》《易经》，放浪形骸，淡泊功名。一次，谢鲲见时为太子的晋明帝，明帝问：人们都把你与庾亮相比，你自己觉得呢？庾亮乃同世的名士、高官。谢鲲答道：以礼整治朝廷，为百官做榜样，我不如庾亮；一丘一壑，我自认为超过他。这个故事，记录在讲述魏晋名流故事的《世说新语》里。

丘壑，原指隐者所居之地，一丘一壑，引申为寄情山水。"谢鲲丘壑"，意即谢鲲宁愿独处于山水，也不愿高居庙堂。这种遁世取向，为时人推崇，也成为六朝文学和艺术中一个普遍的主题。东晋名画家顾恺之就特意为谢鲲画像，把他置身于丘壑间。人问其故，他说，这个人就适合在丘壑中。一丘一壑，遂成典故。宋遗民赵孟頫入仕元朝时，特绘《谢幼舆丘壑图》，可见其上所含藏的政治寓意和个人胸臆。

用如此长的篇幅讲述《谢幼舆丘壑图》，其实是想说，在古代士大夫的心里，遁世山林，始终是他们人生的重要取向，因为崇尚出世的先哲老庄是这样以身作则的，高唱积极入世的大儒孔孟，也是这样孜孜不倦地教诲的。孔子有名言曰："危邦不入，乱邦不居。天下有道则见，无道则隐。"所以在儒释道思想指导下成长的士大夫们，其人生轨迹就是在入世与出世之间进进出出。

士大夫遁世山林的故事，有文献记载的，始自商朝遗民伯夷、叔齐。诸葛亮躬耕南阳，也曾经是士人典范。但唯有到了魏晋南北朝时期，名士的遁世行为却成为一种新的社会生活方式，其结果是，引领出新的山水观以及新的文学艺术门类的到来。我将此称为"诗画山水"。

诗画山水有两层含意，一层意思是人们以审美的眼光欣赏山水，山水犹如诗画；一层意思是当人们有了这种审美意识后，便创造了山水诗画。

把诗画山水的诞生节点，定位在魏晋南北朝，有点绝对化，山水诗、山水画的产生因素是多样的，人具有山水审美意识，也是在经济水平达到了相对富庶、人的主体意识开始觉醒的时期。但是魏晋却是众多因素中，砝码最重的一个。因为，这是一个乱世。而且一乱就是将近400年。

大家都知道，乱则生变。魏晋时期首先被改变的是自西汉以来被独尊的儒教。儒教推崇臣忠子孝，但是魏晋南北朝，遍是谋权篡位弑亲的逆臣贼子，人们看到的是纲伦尽坏，人生无常。于是儒教权威迅速跌落，佛教隆重登场。

　　　　　　　　　　　　青史有意

身处乱世，避免因卷入政治纷争而丧命的最好方法，就是绝口不谈政治。不谈政治谈什么呢？虚无清谈。于是以崇尚老庄哲学的清谈玄学风气兴起。

　　司马家族以晋代魏后，晋室皇族纷争不断，八王互残，导致异族灭晋，晋室南渡，而随之过江的还有豪门望族。中国经济与文化重心随之向江南转移。

　　摆脱了儒教"教化"束缚，转向玄学清谈的士大夫们，在秀丽的江南山水里，会有怎样的心境和作为？有人也这样问过顾恺之，顾恺之回答道："千岩竞秀，万壑争流，草木蒙笼其上，若云兴霞蔚。"毫无疑问，顾恺之发现了自然之美，又描摹了自然之美。这个过程，前者是诗画山水，后者是山水诗画。

　　说来你也许不信，山水诗和山水画，就都肇始于东晋。大家公认的第一个写山水诗的是谢灵运——也是陈郡谢氏家族人，而开创山水画的，就是顾恺之。

　　再回到"谢鲲丘壑"的话题。我想说，谢鲲静坐丘壑，绝不仅仅是为了怡情，还为了他心中的"道"。翻看中国古代绘画，会很轻易地发现一个特点：画面上时常是一位高士，静坐在山中的平台、茅舍、柳树下，或凝视着山色，或望向空茫的远方。时光停滞，物我两忘。简淡、玄远的画面，传达着无为、清静、自在的玄义。这就是道。由儒释道合力塑造下的士大夫的道。

想起辛弃疾的一句词："我见青山多妩媚，料青山见我应如是。"忽然觉得，这不就是中国人的山水之"道"吗?

2014 年 12 月号

"最中国的山水专辑（下）：诗画的山河"

钱神灵不灵

推出"钱神"专题，似乎是在向充满铜臭味的钱顶礼膜拜。在人们眼里，钱似乎是个贬义词，总是被批判的对象。比如人们常挂在嘴边的"见钱眼开""有钱能使鬼推磨"。但是事实上，如果客观地看问题，"见钱眼开"与"有钱能使鬼推磨"，从词义上就已经说明了钱的非同寻常。

那天读到一篇小文颇有收获。谈及中国为什么以"元"作为货币单位时作者说，"元"来自于"元宝"，也就是古代的钱。比如"金元宝""银元宝"。查阅"元"的意思，《现代汉语词典》有这样几种解释：开始的、为首的、主要的、根本的。比如元年，元首，元音。照此解释，"元宝"就有宝之首之意。而"宝"是何意我相信不用解释，因为但凡珍贵的东西，都会被人冠之以"宝"的，所以"元宝"就是最最开始的、首要的、根本的珍贵之物。而这个珍贵之物是什么呢？是钱。

钱的价值与地位，实际上从它诞生起就已经注定了。所以对于钱的认识，创造了钱的古人比我们清醒、现实也更加接近本质。有趣的是，今人在批判钱的种种丑恶、罪恶时，往往爱把西晋鲁褒所著的《钱神论》搬出来，还常引用下面这段话："钱之所在，危可使安，死可使活。钱之所去，贵可使贱，生可使杀。"可是，从字面上看，这句话说的分明还是钱的力量。

其实鲁褒对钱还是有很科学的认识的，谈到钱的法力时他说："黄帝尧舜教民农桑，以币帛为本。上智先觉变通之，乃掘铜山，俯视仰观，铸而为钱。故使内方象地，外圆象天。"通过这段话我们得知，钱原来是一位上智先觉者根据社会需要而创造的，其外圆内方的形制也别有用意，即在一枚小小的铜钱里要有天有地，地在内，天在外。世间万物何为大？天地。能把天地装进去的钱岂不就是神了？

通过鲁褒的描述，我们还真能看到钱的神奇："其积如山，其流如川，动静有时，行藏有节，市井便易，不患耗折。"钱这个东西，储积起来如高山，流动起来似水流，不怕损耗，不会穷尽，无翼而飞，无足而走。无远不往，无深不至，这不是神又是什么？当然，鲁褒为文的目的确实是为了讥讽时人的货币拜物教，但鲁褒对货币的性质、价值和功能的阐述，实为高见。钱也正是因为有如此大的能量，才成为人们顶礼膜拜的对象，并有了主宰人、役使人的魔力。所谓"有钱能使鬼推磨"。

《太平广记》讲了一则故事，说唐张延赏得知一冤案便严厉告诫狱吏道："十日之内，给我查清此案！"次日，他的办公桌上就出现了一张帖子，上面写着："奉钱三万贯，请不再过问此案。"张看后大怒，督促加紧办案。不料第三天又来一贴，写着"钱五万贯"。张愈发愤怒，勒令两日内必须结案。第四天，帖子内的钱已升至十万贯。这下子张延赏立刻偃旗息鼓了。他的学生问其原由，他说："钱至十万贯便可通神，没有不可回转之事，我怕惹祸，不得不收下。"

此情此景让人眼熟。张延赏说的是大实话，十万贯钱他若不收而他的上司收了，他没准会财也失了官也丢了。所以钱能使鬼推磨关键还得看这个"鬼"是个什么鬼。遇贪，则钱所在，即神所在；遇廉，则钱在，神不在。可见钱神是有的，而灵不灵，还在人心。

2009 年 1 月号

"钱神"

人总得信点什么

新近上映的电影《关云长》，有个颇有意思的英文名："The Lost Bladesman"——迷失的刀客。我相信，不看中文名的话，多数人会以为这是一部西部片或武侠片。谁能想到，说的竟是关羽。

近些年新映的历史题材的影视剧大都有一个现象，编导们都信誓旦旦地说要用现代人的价值观"颠覆历史"，给历史以"新的诠释"，于是有了一个个的新战国、新三国、新水浒、新孔子乃至新关羽。《关云长》对关羽的"新诠释"是这样的：刀客关羽失迷了，挥刀四顾心茫然——不知道该为谁而杀，为何而杀，如何不杀。

这颇像英国莎士比亚名剧《王子复仇记》中的哈姆雷特，

总是在"生存还是毁灭"间犹豫。也有如迷失方向的现代人，不知该向左走还是向右走。

不幸的是，导演的这一番新解读，却引起观者的困惑。一位自嘲为三国盲的网民说，他很纳闷："关公到底是为了什么一意孤行，把自己搞得那么苦？关公又干了什么，满天下的人都看他不顺眼？唯一就曹操欣赏他欣赏得不行，他又非在那矫情不归顺？"呵呵，话糙理不糙。在中国人心中，关羽就是忠义信勇的化身，导演非要背离这个形象，给关羽设计一个暗恋刘备妻妾的情节，然后让他迷茫、困惑，挣扎在男女私情与兄弟大义之间，确实出离得很。

庄子说："子非鱼，安知鱼之乐？"真实的关羽究竟怎样？其实谁都不知。所以尽可依照自己的想象和需要来编造。迄今为止，自西晋史学家陈寿撰《三国志》后，所有的作品，都是在此基础上的附会。但无论怎样编改，唯一不变的是，历朝历代笔下的关羽，都没有脱离史实对他的基本评价，只有更好，没有不好。统治者对他的崇封也是有增无减：从侯而王，王而帝，帝而圣，圣而天。真正是褒封不尽，庙祀无垠。

历史上的关羽，走的是一条从人到神之路，如今的人却想要把他从神还原为人，且是一个情愫复杂的现代人，这是何故？

理由会有很多。其中有一条我想是现代文化精英们对关公崇奉的一种反叛。很多人认为，民间信奉关公，那是迷信；统治者推崇关公，为的是教化。为此都要反，反迷信，反愚忠。

如果是这样，我想说，信仰被小觑了，历史被简单化了。

中国社会科学院研究员胡小伟先生对关公崇拜有深入研究，在他的一篇文章中我看到了记载于明人王同轨《耳谭》里的一则故事：

万历年间（1573—1620年），山西解州一位叫俞保的乡民，被征派到云南腾越（今云南腾冲）当兵。妻子担忧丈夫的安危，日夜到关圣祠祷告。一天，俞保忽然梦见关圣驾临："俞保，尔妻日夜为汝祈祷，尔欲归乎？"俞保连忙跪地："欲归。"话刚说完，已然驰行于马上，倏忽间，便到了解州城外。夫妻相见，悲喜交加。俞保随后便去州府说明情况，解州马上发函到腾越，那边查了说，俞保离开部队刚一天，军籍上写着"关圣勾免"四个字。

山西人俞保充军云南荒凉极边之地，不是传说。为了防止士卒逃亡，明王朝规定，军丁一般均不得在本地或附近当兵，南北人互易，由是导致征妇闺怨，戍卒思乡，戍守边地的军人时有脱伍想法。故早在明初，大学士杨士奇就说，"风土异宜，濒于夭折，请从所宜发戍"，但却以紊乱祖制而遭驳。胡小伟说，王世贞、李贽等明代著名文士，都是关公的热心崇拜者，俞保的故事，实际上代表了上上下下对这类问题的看法，以及所希望的解决之道。所以明中期流传的这则"关公显灵"故事，就不是偶然与无意而为。

对于无神论者来说，神均为人造。造神的目的，在于人力有所不及，于是希望借神力助人。德国哲学家费尔巴哈在论及宗教根源时指出：人性中软弱的一面和与生俱来的依赖感是宗教起源之一。英雄崇拜也是如此，它也反映了人性中的一种需求和依赖。

"我所必需的东西，就是我所依赖的东西。"故关羽以及历代人们所赋予关羽的人格魅力、神勇力量、忠义诚信的品德，其实就是中国人——无论是弱小的子民还是强权的皇帝——所需要和祈望因此也依赖的，这不能简单地用迷信和愚忠教化来归结。

宋时频遭外族入侵，军中遂传颂关公故事，这既是祈神保佑，也是希望振作士气，以救宋朝于危亡。为了备边防御，明廷沿长城一带先后设立了九个边防重镇，而每个关隘都建有关庙，多处不止一座，宁远州关帝庙就多达 16 座！这就是信仰的需要。

人是得信点什么，有了这点"信"，才不会心无所从，精神迷惘，行为无度，以私践公。所以信奉忠义的关公有何不好？"忠"是什么？尽心为人做事。孔子说"为人谋而不忠乎"，孟子说"教人以善谓之忠"。"义"是什么？公正合宜的道理或举动。试想，如果人人都自觉信奉忠义信勇，这个社会恐怕要比现在健康许多。然而，在信仰已然缺失的时代，文化精英们不但不呼唤忠义回归，还要让关羽迷失了价值观，这岂不是在往雪上加霜？

2011 年 8 月号

"关公"

荆轲怎能不是侠？

在《史记》里，司马迁为很多人立传，其中有两种人极为特殊：刺客与游侠。在《刺客列传》里，最知名的便是刺杀秦王嬴政未遂的荆轲。在世人眼里，荆轲之举，当属侠也，但司马迁却将他归为刺客。可见司马迁不把荆轲认作侠。

那么谁是侠？答案在《游侠列传》里。司马迁说，古代平民之侠，我没听说过。近世则有孟尝、春申、平原、信陵之徒。他们都是君王的亲属，依仗封国及卿相的雄厚财富，招揽天下的贤才，在各诸侯国中名声显赫；汉朝建国后，有朱家、田仲、王公、剧孟、郭解之徒。他们虽时常违犯法律禁令，但其行为符合道义，廉洁而有退让的精神，值得称赞。

孟尝、春申、平原、信陵这战国四公子，与朱家、田仲、王公、剧孟、郭解，分属贵族与平民两个阶层，却同归游侠，何故？

孟尝君的故事家喻户晓，他最大的特点是广招宾客，舍业厚待。哪怕是"鸡鸣狗盗之徒"，也不嫌弃。于是以养有食客三千之众而豪气冲天。

孟尝君好客，其他三公子也均以养士而扬名立万。那么平民朱家、田仲、王公、剧孟、郭解呢？同样，以助人为乐、不求回报、追随者众而闻名。比如鲁国的朱家，司马迁说，被他藏匿而救活的豪杰数百，被救的普通人，则数不胜数。他"家无余财，衣不完采，食不重味，乘不过軥牛。专趋人之急，甚己之私"。简直一个活雷锋！于是从函谷关往东，人们莫不伸长脖子盼着同他交朋友。

洛阳的剧孟，也因任侠而显名于诸侯。如何行径？大致类似于朱家。吴、楚七国叛乱时，条侯周亚夫得到剧孟支持，狂喜，司马迁点评曰："天下骚动，宰相得之若得一敌国云。"一个剧孟，可抵一个诸侯国。剧孟武功高强吗？司马迁没说，但接下来的一笔是：剧孟母亲死时，从远方赶来送丧的，有上千辆车子。还是追随者多。

读罢《游侠列传》便知，司马迁笔下的游侠，均因行为特立独行而声名赫赫，从而招致众多追随者。所谓"名不虚立，士不虚附"。如此对照《刺客列传》里的曹沫、专诸、豫让、聂政、荆轲，司马迁虽然褒奖他们勇于献身、守信、执着、一往无前，但依旧不入侠列。

这个结论与现代人的认知大相径庭。我也曾很是迷惑。后来发现，症结在于，我们总是站在自己的时代看历史，而未能设身处地。

中国游民与流民文化问题研究专家王学泰对司马迁的游侠观，有较为合理的解释。他从侠字说起：在甲骨文与金文里，没有"侠"字，只有"夹"。侠者，夹也。"夹"的字形，如一个大人腋下，站着两个小人。从字的本意上看，夹，是两侧皆有人夹辅。而用这个概念去定义一个群体——侠，大约是战国时期的事。

侠之何以诞生于战国？那是一个礼崩乐坏、群雄纷起、列国争战的时期；那是一个宗法制被荡涤，血缘关系被撕裂，封建等级被解构，各诸侯国纷纷实行变法，谋求建立一个王权官僚体制的时期。当此社会失序混乱之际，靠个人力量寻求新的人际关系就变得极为重要。

那是一种怎样的人际关系呢？历史学者李开元说：一种

既非血缘的，又非政治的，也不是官方的人与人之间自由交往的人际关系。它就是哥们义气，是一种士为知己者死的友情。战国时代新生的价值观，就这般以前所未见的姿态，如日升东方，蓬勃而出。

此时回头再看游侠的"游"字。游侠之"游"，此时并不是游走之意，而是交游、交友之意。以此审视战国四公子，哪一位不是善交之人呢？善于交友，追随者众。这正是新的人际关系的结果。刺客与游侠的本质区别，全然分明。

不过，不能回避的是，在提及武侠定义时，人们必提韩非子的一句话："儒以文乱法，侠以武犯禁。"此话司马迁难道不知吗？但《游侠列传》所列人物，几乎不武。需要善武吗？试想，当一个人有了追随者，势力做大后，必然会与现存的规范和权威相抗衡，一旦起冲突后如何解决呢？多半用以武力。东汉史学家荀悦在《前汉纪》里就是这样对游侠下定义的："立气势，作威福，结私交以立强于世者，谓之游侠。"检视历史，后世所称的帮派、黑帮，即是写照。

立场决定态度。虽为史官，司马迁却依然高度赞扬了游侠的品行：其行虽不轨于正义，然其言必信，其行必果，已诺必诚，不爱其躯，解危助困。这种人可谓民间正义的化身，暗夜里的光明。司马迁为游侠品格定了调，以致成为后世检验侠客的标准。于是当战国远去，人们回看荆轲们时，他们蔑视权贵、除强抗暴、慷慨赴死的行为，卓然如游侠。于是荆轲怎能不是侠？

2015 年 11 月号

"侠义江湖"

宋代的《大傩图》展现了岁末民间涂抹化装，跳踉街市，以驱傩之名笑骂作乐的情形。宋代傩祭不但以新神代替了旧神，而且出现了戏剧化的倾向，并增加了大量娱乐性因素，这种浓郁的世俗色彩，也为后世中国各地盛行的傩戏奠定了基础。

无处投递的情感

清明节尚未到，北京市有关部门就发出预警：全市扫墓群众预计达 350 万人。北京最负盛名的八宝山陵园，一天就将迎来 30 万人众！

清明祭扫，春节供奉，这已成为中国人与先人的定期约会。这让我想起在家乡的母亲，每逢这样的日子，她也都要忙碌。父亲早逝，母亲的辛苦难以言说，也许是担心自己的力量不足，每有祭供，她都要念叨几句："老头子，你在天上要保护这几个孩子啊，遇有坏人来，要把他们赶走啊！"

往昔听到母亲这样的话语，我都没在意，现在仔细品味，忽然觉得别有含义。在母亲心中，去了另一个世界的父亲，显然是有超人力的，或者说她幻想着父亲是有超人力。有了这样的认定，母亲也许就会心安很多，她不再是独自面对人世可能有的不祥。而这种祈求先人庇护的心理，从古至今始终贯穿在中国人的精神世界里。

人力不及，就希望有超人力。谁有超人力呢？天神、地祇、人鬼即先人以及有灵的万物。这是原始人类的世界观、宇宙观、哲学观，是原始时代的产物。而这个产物竟经久不衰，何故？

我一向以为，但凡会消失的事物，都说明它缺乏时代和社会需求的支持。比如中国女人的三寸金莲，男人的辫子，都不打自亡。那么为何对神祇包括鬼的信仰崇拜，却始终不绝呢？也许是人心太世故，也许是人心太脆弱。

寻找答案，需要回到历史的原点。

公元前500年前的一天，身为春秋霸主之一的楚昭王读了《尚书·吕刑》后陷入沉思。《尚书·吕刑》据称是公元前11世纪周穆王有关刑法的文告汇编。文中有一句话：帝颛顼"命重、黎绝天地通"——颛顼命令大臣重和黎断绝天地间的通道。昭王对此不解，转而问大臣：如果不是这样，百姓就能登天？

绝天地通是个神话。传说在古代，原本任何人都可与天相通，但是人神混杂，破坏了社会秩序，所以三皇五帝之一的颛顼就下令封路。从此人神分隔。人再想与天通，就得凭借能通天的巫觋做祭祀活动。

古人的天有多重要？史学家张光直在《美术、神话与祭祀》一书里说，"天，是全部有关人事的知识汇聚之地"，故天地隔绝之后，"只有控制着勾通手段的人，才握有统治的知识，即权力。"看到这里应该明了，"绝天地通"神话的意义所在——它实际上是利益集团的政治诉求：通过垄断获取知识的途径，谋取政治权威。

那么接下来的问题就很关键了：谁是巫？帝王自己就是巫的首领。看一看三代王朝创立者的功德就会发现，他们的行为都有巫术和超自然的色彩。比如夏禹有阻挡洪水的神力，连他走路的方式"禹步"，都成了后世巫师及道士特有的步伐。商汤能祭天求雨，后稷的神力是种的庄稼比别人的长得既快又好。

帝王即巫，说明了一个问题：帝王们既是规则的制定者又是规则的实施者。那么在通往权力的道路上还有什么障碍吗？没有。不过，这事与祖先有啥关系？有。因为先王、先公也拥有知识和经验，他们死后，灵魂上天，成为天帝的辅佐。殷商甲骨文的卜辞里就常有先王"宾于帝"的字句。而《诗经》里描述已故的周文王也是"在帝左右"。所以人鬼祖先也是需要用祭祀沟通的。

在天庭辅佐天帝的先公、先王们，到了汉朝，却忽然无处安放了。因为此时的帝王们已稳坐皇帝宝座，开始贪欲长生不老，求道成仙了。最能反映此时人心的就是成语"一人得道，鸡犬升天"。汉武帝热衷于求仙所带来的神仙思想，给汉人带来一个新的人生观——不想死后世界，只想成仙。

余英时在《中国古代死后世界观的演变》一文里，阐述了汉代成仙观念里的两个要素：一是肉体不死，二是升天。人，成了仙升了天，天上世界便成为神仙的世界，那人鬼去哪？当然有安排——地下。在东汉的《太平经》里叫作"土府"。有趣的是，土府在泰山。大家知道，泰山之高仿如天，鬼魂既不能上天，便只好退而求其次，去泰山了。曹植的《驱车篇》即言："神哉彼泰山……魂神所系属。"不过，这泰山是泰山府郡。这便是泰山治鬼说的起源。汉武帝的一个爱好，就让祖灵们搬了家。也是，有神仙可做，何必劳人鬼？

东汉末，社会动荡不安。恰逢佛教传入，人心向佛，以劝善惩恶为主旨的天堂、地狱观渐渐形成，从此人鬼也有了善恶之分。善鬼去天堂，恶鬼下地狱。人鬼再次具有了影响人世的力量，于是人们要么祈神，要么禳鬼。祭祖的香火很旺，驱鬼的行头也不少。那些人世无处投递的情感，就这样有了一个合理的去处。

2015 年 4 月号

"鬼文化"

清代蒋应镐绘《山海经》中的犀（左）和兕（右）。

妖怪：是真也是幻

翻看天下第一奇书《山海经》，兴味无穷。因为它有无数未可知晓的谜，又因为它的似曾相识，以至于你每读到一页都会想：这是真还是幻？

我们先来看《南山经》中记录的内容：

南方第三列山系的第一座山叫天虞山，山下多水，山势险峻不可攀。往东五百里，有座祷过山。山上盛产金属和玉石，山下有许多犀牛、兕和象。有一种鸟，形状像鸡，但头是白色的，三只脚，还长着人的脸。它叫瞿如，其叫声，就是自己的名字。泿水发源于这座山，南流入海。海中有虎蛟，鱼身、蛇尾，叫声如鸳鸯，人吃了，不患痈肿，可治愈痔疮。

以我们今天的见识来评判，上述文字中的犀牛和象，无疑都是真的。在《海内南经》里，还有对犀牛和兕的描绘：犀牛，像牛，黑色；兕，像牛，黑色，头上有一只角。有趣的是，在明蒋应镐的《山海经》图本里，犀牛长着大象的脚，有三只蹄子，三只角，是神兽。

在古人眼里，犀牛和兕，确实都是神兽。野生犀牛在中国早已绝迹，但远古时，却遍布南方。古人认为，犀角是犀牛的精灵汇聚之处，可解百毒，是名贵的中药材。所以犀被认为是灵异之兽，犀角也被认为是神物，具有通灵、辟邪的功用，犀因此而常常遭遇割角之殇，这大概也是犀牛灭绝的原因。犀牛不见，但我们却在后世的青铜器上，经常看见它的身影，如犀牛青铜尊。而兕，是一种独角兽，古人称其为文德之兽，在甘肃嘉峪关的魏晋 13 号墓中，就有独角兽彩绘砖，其灵动的身姿和头上那只锋利的角，显示出一击必胜的勇猛。

如果说，犀牛和兕会给你增添趣味和亲切感的话，那么瞿如与虎蛟，就令人恍惚了——世上有这样的动物吗？偏偏，有着人脸，或者同时具有几种动物外形的怪物，在《山海经》里数不胜数。而且不仅怪，还都有一点灵异。比如，有一种鲔（tuán）鱼，形状像鲫鱼，却长着猪毛（一种说法是像蛇，长着猪尾巴），它一出现，天下就要大旱。令丘山中有一种鸟叫颙，也有相似的作用。长得像猫头鹰的颙，却有一副人脸，四只眼睛，四只耳朵，"见则天下大旱"。传说，明万历二十年（1592年），颙鸟在豫章城宁寺聚集，令燕雀鼓噪不安，结果当年的五月至七月，豫章郡酷暑异常，滴雨未下。这是妖了。

如今的人谈妖，总爱引用《左传·宣公十五年》里的一句话："天反时为灾，地反物为妖，民反德为乱，乱则妖灾生。"可见所谓妖，是指人间反常怪异的事物或现象。那么，上古时期真有那么多妖怪吗？必须承认一点的是，上古时期的物种，一定比现在多得多，但是也不至于举目皆是怪吧？

妖怪如此之多，理由应该只有一个：不知。在远古社会，野兽也许比人还多，弱小如婴儿的先民，看着会飞的鸟，善游的鱼，毒人的蛇，能吃人的虎豹，一定是自惭形秽、惊恐不安、束手无策。在人无法与自然抗争的情况下，不知则怕，则怪；怕则心生敬畏；敬畏则盲目崇拜。远古时人认为，万物皆有灵，那么看着这些你称之为神也好怪也罢的有超人能力的动物，会怎样呢？神化。或者说妖化。所以说心里认为有，自然就有。我读到一篇宁夏大学靳希的论文：《〈山海经〉

"神"符号探析》，作者认为，先民的这种行为，叫造神。如此，妖怪，就是真也是幻。

好在，人的心智是不断发展变化的，因此造神（妖）史也丰富多彩，不断被提升。神的外形就经历了从兽形神、到半人半兽神和人形神的变化。比如《山海经》里的各方各座山神，就既有兽形神——比如龙身鸟首，也有半人半兽神——比如人身而龙首，而诸如黄帝轩辕、青帝伏羲、炎帝神农、白帝少昊、黑帝颛顼等等华夏文化始祖，就皆被塑造为人形神。

兽的成分的递减，和人的形象的递增，说明一个问题：人的自我意识逐步觉醒，人与大自然相处时的能力逐渐提高。而这，正符合人类文明发展规律，也揭示了一个民族信仰的变化之路：从崇尚自然力，到崇尚人德。

研究《山海经》里的山神形象，也是饶有趣味。《南山经》里有十几座山，山神多是鸟身蛇首，或龙身鸟首的兽形神。鸟和龙拼凑而成的南山山神，与后世的五方崇拜中的南方神兽朱雀何其相似！而《北山经》的山神，都是猪的身子，蛇的尾巴，这个外形很眼熟吧，红山文化中的玉龙不就是猪的一种形变？以至于有的人称它为玉猪龙。

俄罗斯政治家普列汉诺夫有一个观点："任何一个民族的艺术都是由它的心理所决定的；它的心理是由它的境况所造成的；而它的境况归根到底是受它的生产力状况和它的生产关系制约的。"

是的，有怎样的时代，就有怎样的社会心理和怎样的艺术。所以妖怪不能仅仅说是一种迷信的产物。回顾几千年的造妖史，那竟也是中国人的心灵史。

2016 年 4 月号

"妖怪专辑"

醉翁之意不在酒

　　酒是佳酿，也是腐肠膏。酒所具有的两面性，使人们对酒的态度，也大为不一。无酒不能欢，纵饮又乱性。于是为了让人们喝酒有度，古人想出制约的办法，设置监酒官，监管酒宴上喝酒无度之人；制定酒令，依令喝酒。

　　古往今来，佐酒助兴的酒令五花八门，但规则基本只有一个：输者喝。这酒等同于罚酒。为此我疑惑了很久，酒若是佳酿，就该胜者喝，以表敬意。让输者喝，岂不是奖励后进？不合常理。若认为酒是毒药，让输者喝，以示惩罚，那这个惩罚岂不属于有意加害？因为多喝则醉，醉了必出洋相。

　　这个推论似乎有漏洞，有人肯定会反驳：让赢者喝，若是总赢而多喝、喝醉，也会出洋相。确实如此。但是，人可以不赢，不赢就可以不喝。不赢，是一种选择；不输，则是能力所致。故而很难做到不输。若是可赢却故意输的，那属于个人主观意愿，而不是规制强迫。

罚酒是为了惩罚输者以令其多喝而后乱性？这个推论显然也没有说服力。如此，用心就太险恶了，一时一人有如此用心可能，几千年以来的中国人都怀此用心则不可能。

可是为什么要罚输的人喝酒呢？我仿佛钻进牛角尖了，为了一个在旁人看来毫无探讨价值的问题。

一切从原点开始求索吧。原点是：最早的酒令和酒令规则。

最早的酒令游戏当属投壶。投壶乃酒令中的赌赛令，产生于春秋早期，又衍化于商周时期上层社会的射礼，即射箭礼仪。

最初投壶游戏的规仪比较复杂，诸如主人要三请，宾客要三辞；投壶时要奏乐；双方弟子在观看时，不得怠慢，不得骄傲，不背对堂前站着，也不要大呼小叫。宾主赛者各执四杆箭，宾一支、主一支的轮流将手中的箭投入壶中，以投中壶多者为胜。在《礼记·投壶》里有这样的描述："胜饮不胜者。"——胜者让不胜者饮。当比赛结束后，被罚喝酒的人都手捧酒杯跪下说："赐灌"——承蒙赐饮，而后胜方也跪下道："敬养"——敬请取用。

寥寥两句颇为生动，但仍未道出输者喝酒的理由。看来只有到射礼中寻找，因为射礼的规则也是负者喝。

众所周知，礼、乐、射、御、书、数这"六艺"，是儒家倡导的一个贵族所应掌握的本领。射，即射箭。在以狩猎为重要生产方式的时代，一个男子必须善射，以狩猎，以杀敌。因此以考核、比赛、展示射艺为目的的射礼，就极为重要。按历史学家杨宽的观点，它是"借用狩猎来进行的军事训练"，同时具有选拔人才的目的。《礼记·射义》则说得更为简要："古者天子以射选诸侯、卿、大夫、士。"

区区射箭，怎么就能分别出人的德才高下呢？

《射义》是这么解说的：射箭之人，前进、后退、左右转动，一定要合乎礼。内心意志坚定，身体挺直，执弓搭箭，瞄准箭靶，才可以射中目标。所谓身正、人正、心正。因而从这一系列动作，可以看出一个人的道德表现。

射箭时有音乐节拍，天子用《驺虞》，《驺虞》是赞颂百官齐备的；诸侯用《狸首》，《狸首》是赞颂诸侯按时朝见天子的；卿大夫用《采蘋》，《采蘋》是赞颂能依循法度的；士用《采蘩》，赞颂的是尽职尽责。用内含各自职守要义的音乐做射箭的背景音乐，其作用不言而喻。因此，射礼实际上是用来建立、检查并考核道德行为的一种礼仪。如果诸侯射箭时面容、体态不合礼，节奏不合音乐，成绩不佳者，就不能参加天子的祭祀。祭祀是古代国之大事，多次参加祭祀者就能得到褒奖，多次得到褒奖者就可增加封地，反之亦然。所以"射箭就是射做诸侯"等等。

《射义》还说，"射"就是"释"，是抒发志向。因此射箭就是射志向，当箭射出的那一刹那，理想抱负就都已定格。那么身为人父，就要把靶心当作自己的人生目标——做一个好父亲。做国君、诸侯、臣子，也均如此。如此一来，君君臣臣、父父子子之间的纲常就被确定，大家各司其职，各守其位，社会即能稳定、安宁。

原来"射"承载了如此多的含义，输赢当然至关重要。孔子说：只有贤德的人才能射中目标，不肖之人怎能射中？输，就意味着道德的失败、事业的失败。因此赛前，一般人都会发个愿。儒家经典《诗》的号召是：对准那个目标去射，祈求射中，以免受罚酒。

为什么不愿喝罚酒呢？《射义》说：酒是奉养老人和病人

的。喝罚酒，就意味着要接受奉养，有德才的人怎能接受或争求他人奉养？故而赢者辞，输者受。我终于寻到答案。原来醉翁之意不在酒。

脱胎于射礼的投壶一直流传至清，但从西汉起，投壶中的礼仪成分就日渐消失，成为一种玩技巧的游戏。至于罚酒的要义，更不为人解。孔子若知，又该慨叹"礼崩乐坏"了吧。

2011 年 5 月号

"酒令：最美的喝酒法则"

人间何许是真茶

有些事，不能细琢磨。一旦认真琢磨，就像逼着自己探讨哲学。比如茶。

如果口渴了，喝水应是最直接有效的方法，而饮茶，除了解渴，还有别的目的。比方朋友邀约相聚，大多数人会说："一块儿喝茶去"，却从未听说"一块儿喝水去"。因为茶，值得大家郑重其事地坐下来喝，水却不必。

中国人有开门七件事：柴米油盐酱醋茶。茶是日常生活必备品，但很显然，茶也不能完全等同于日常家用的柴米油盐。比方家有客来，不论客人是否口渴，都要以茶相待。简单点的，泡一杯清茶，续着喝；复杂些的，烫杯洗茶，沏上一壶，主客相对，一盏一盏地喝。无论简单复杂，以茶相待，这是中国人的待客之道。可谓文化。

日常之物——茶，变得非日常化，成为文化，是因为以非同寻常的心和方式来喝的缘故吧。

唐朝陆羽的《茶经》，是迄今可知的世界上第一本茶书，陆羽也因此被尊为茶圣。陆羽开篇即说："茶者，南方之嘉木也。"南方嘉木之叶，何时开始为人饮用？很难说清了。但茶从一个日常之物变为非常之物，却有迹可寻。

首先是因为它特殊。《茶经》引用了东汉末年名医华佗《食论》中的一句话："苦茶久食益意思。"喝茶有助于提神醒脑，精进思维。茶大概也是因此而受到重视，尤其是受到修行之人青睐。唐开元年间（713—741年），泰山灵岩寺的降魔师大兴禅教，学禅务必清醒，因此禁食晚餐，只许喝茶。记载此事的唐封演的《封氏闻见录》说，从此"转相仿效，遂成风俗"。禅与茶遂生联系。

日本也有相似的故事。草庵茶道的鼻祖村田珠光，是京都紫野大法寺一休和尚的门徒，参禅时经常打瞌睡，心遂不安，于是开始喝茶，然后立下喝茶的规矩，此后创立草庵茶道。禅茶一体。

茶有如此荡昏寐、净尘心的作用，对世人该有怎样的影响力呢？

陆羽也是在寺院长大的。相传陆羽是个弃儿，由复州竟陵（今湖北天门）龙盖寺的智积禅师抚养。唐时寺庙有一种风尚，时常举行"茶筵"也即茶会活动，僧俗共坐共饮。唐诗对此多有描绘。比陆羽年纪稍长的诗人，开元、天宝年间（713—756 年）的进士刘长卿，就作有《惠福寺与陈留诸官茶会》："因知万法幻，尽与浮云齐。疏竹映高枕，空花随杖藜。"那时的文人士大夫，不是去寺院喝茶，就是请僧人到家里喝茶，与刘长卿同时代的钱起，就作有《过长孙宅与朗上人茶会》五言律诗："玄谈兼藻思，绿茗代榴花。"与名僧玄谈，以茶代酒，何等清雅。

在寺院里，陆羽应该备受如此茶风的吹熏吧？

陆羽后来进了一个戏班，演过丑角，写过剧本，后受竟陵太守青睐，求学于天门山的邹夫子。命运陡然转机。公元755 年，撼动唐朝根基的安史之乱爆发，陆羽移居湖州，在流入太湖的苕溪岸边结庐定居。

湖州是唐时贡茶顾渚茶的产地，在湖州，陆羽寻茶问茶，开启茶人的生活。这时他与高僧皎然结为忘年之交。皎然是个怎样的人呢？《宋高僧传》说："昼清净其志，高迈其心，浮名薄利所不能唉。"而陆羽 30 岁起便隐居湖州，曾被诏为太子文学这一东宫之职，也坚辞不就，可见二人之同道、莫逆。

特殊的生活经历，奠定了陆羽的人生观，也影响了他对茶的认识。长达八年的安史之乱结束后，陆羽开始提笔写《茶经》，他在第一节"茶之源"中开宗明义："为饮，最宜精行俭德之人。"茶应该给俭德之人喝，这应该是陆羽心目中的茶道。

精行俭德，被视为中国古代"茶德"说的滥觞，也是陆羽将饮茶这样一种日常生活内容，明确提升到精神层面的一个标志，中国古代茶精神文化至此得以确立。日常之茶，就是这样走向非常，又走向文化。

饮茶自《茶经》出，便有了品位。但是令陆羽万万想不到的是，最宜精行俭德之人的茶，到了宋代，却有了另一种标格：奢侈、纤细、精致。

很多人都说，宋朝是一个国民皆富的时代，所以有条件追求奢侈；宋代历朝的皇帝文化修养都很高，但大都经受了辽金蒙古的挤压，于是底蕴深厚，保守内敛。所以宋人喝茶，当然也不与唐人同。

比如奢侈。北苑茶是宋时贡茶，贡品花样却年年翻新。先是价格高昂的团茶，后是有着像蜡一样表面光滑的蜡面茶，再后是连辅政宰相这样的重臣也得不到的小龙团。再然后，是密云龙、御苑玉芽，到了龙团胜雪，就登峰造极了。

茶胜雪？何以能够？方法是这样的：去掉熟叶的外皮，只取其细细一缕的芯，放入清泉中浸泡，使茶变得白如银丝。茶制成这样，恐怕不是为了喝，而是为了看的。欧阳修就有可以看的茶。一次，宋仁宗赐予"二府"——中书门下和枢密院八大重臣两个小龙团，八人分之，每个人只能得其四分之一，这等于是珍宝了，于是没有人舍得把它碾碎调饮，而是每逢宾客临门，即取出供人观赏。写到这，欧阳修用了两个字："传玩"——手手相传，顺次鉴赏。

茶是饮品，只供传玩，可谓传家宝了。茶在北宋，就这样不仅非日常化，还艺术化了。茶品、茶器、茶会，无不如此。所以流传至今，宋人茶事，给我们留下的就是艺术了。

2016 年 5 月号

"宋人茶事"

　　　　　　　　　　　　　　　　青史有意

自然地活着

清人褚人获编撰的笔记体小说《坚瓠集》里有两封苏州詹氏夫妇的两地书，有趣且别致的是，夫妻二人通篇用中药名来表达自己的离情别意。妻子是这样写的："槟榔一去，已过半夏，岂不当归耶？谁使君子，效寄生缠绕他枝，令故园芍药花无主矣。妾仰观天南星，下视忍冬藤，盼不见白芷书，茹不尽黄连苦！古诗云：豆蔻不消心上恨，丁香空结雨中愁。奈何！奈何！"

能用中药名写诗作文，说明时人对中药的精通，还说明中药名具有形象性和意象性的特点。比如信中的"半夏""当归""忍冬藤""白芷""豆蔻""丁香"等等，都是具象的，一看便知其色、性、味、形、意，很可以传情达意。因此在古代以中药名做文章的比比皆是，比如对联，"玫瑰花开，香闻七八九里；梧桐子大，日服五六十丸"；比如诗词，"天高地黄，相思雁两行。莲子已老，桂月沉香"。

中药名所具有的形象性的特点，源自于其取名方式的独特——以本草的自然形态、入药部位、颜色、时令、性味取名。这是建立在对自然事物有充分认识、感知的基础上，按自然规律办事的自然观的体现。

其实按自然规律办事，不仅体现在取名上，还贯穿于整个中医药体系。比如炮制药材，用的是泡、晒、蒸、煮、浸、碾，不同药材不同对待，是地地道道的自然之法。比如看病，用的是望闻问切，不借助任何仪器，手指轻触脉搏，是滑、是紧、是浮、是沉，生命的脉象，跃然眼前。又比如病症，用 6 个字全可包括：风寒暑湿燥火。风寒暑湿燥火是什么？中医称之为"六气"，"气"是什么？看不到，摸不着，但可以感觉到。比如冬春时节，南方人到北方，会口干舌燥，喉咙疼，这就是有燥火。北方人到南方去，则感阴湿难受，要去寒湿。调整一下体内的寒湿燥火，阴阳平衡了，就无碍了。

"六气"与"五行"对应，五行就是金木水火土。它分别适用于每个人。有一位中医研究者说，她可以劝木性和水性的人宽容，从不劝火性和金性的人宽容，因为叫火性和金性的人隐忍，会得癌症。中医药的这些观念，都是把人当作自然界里的一个自然生命体来看待，讲究体内以及体内与体外的和谐相融，是用自然之法治自然之体。

但是很多人，包括很多中国人，认为中医药这种自然观很荒谬、愚昧、玄虚，甚至提议禁用中医药。我想这很难，除非他把中国人都杀死或者全换了种。何以出此重言？因为这种自然观是历经五千年传承下来的中华文明特征。只要是中国人，或接受了中国文化的人，都难逃被这一文明熏陶、洗礼，甚至变成一种根深蒂固的生活方式、思维方式。

我曾经有一位日本同事，一次受寒感冒了，我说："回家用红糖水煮生姜喝吧。"他很听话，喝了感冒就减轻了。回头很好奇地问我："你怎么知道用这个法子啊？"我仔细一想，还真没法回答。因为这个知识我不知道是何时、何地、向何人学来的。我只好说："我也不知道，很自然地就会了。天生的吧。"什么叫"天生"？就是天然而来的，就是从娘肚子里带来的，就是渗进血液里的。这种天生的东西，能去根吗？

前几天在食堂吃午饭时，一位编辑忽然说，其实春天应该吃韭菜啊。这句话背后是中国人的养生观——一种顺应自然、养护生命的观念。春天为什么要吃韭菜？按阴阳五行的理论，春属阳，主生发，而韭菜、葱、姜、蒜、芥末等，味辛辣，都有帮助阳气上升的作用。而这种顺时而吃的理念，也是天生而来的。

我很欣赏一位中医的观点，她说，人生如同植物，是随同季节展开生长阶段的，人生阶段不可以用思想去走走，而是要置身其中。身在其中，可以自明。最好的活法不是科学的活法，而是自然的活法。自然的活法，培养出的才是一种意象性思维方法，有意象性思维的中国人，才会说出这样的句子："神州处处有亲人，不论生地熟地；春风来时尽着花，但闻藿香木香。"

2010 年 4 月号

"中药玄机"

　　　　　　　　　　　　　　　　青史有意

大学者亦大楼也

　　1931 年 12 月 2 日，清华大学迎来了新校长梅贻琦。在做就职演讲时，寡言务实的梅贻琦却说出了一句此后广受推崇的名言："所谓大学者，非谓有大楼之谓也，有大师之谓也。"此话可谓点睛，对于大学，师资可不是第一位么。不过大楼呢，恐怕也未必就无足轻重。

　　一般而言，除却非常时期，大学开张之日，必是大学建筑——大楼鼎立之时。然立何种大楼，又如何立，都有讲究。用专业术语表达就是得有校园设计规划。而设计规划的基础、依据，则是大学创办者的办学理念、宗旨以及价值取向、审美倾向。于是大楼的模样，相当于大学的模样。从这一角度讲，大学者亦大楼也。

清华大学的大楼，即是一个好例证。不过，这里所说的大楼，是指那些有着纯正的西方古典主义风格的近代建筑：庄重、典雅、稳健的清华园、清华学堂、清华大礼堂、图书馆等等。这些百年建筑，极其鲜明地彰显了清华大学的气质：理性、严谨、厚实、壮美。

梅贻琦先生不重看大楼，但是清华初办时，校方却明确要求，校园规划、大楼建筑，一并采用西洋式。因为校长希望学生们能因生活于一所西式校园里，而更容易与西方接轨。因为那时的清华园，是用美国退还的庚子赔款建成的留美预备学校，从这里走出的孩子，方向只有一个——到美国去。因此西洋式，可谓是为清华的取向而量身打造的。

西式的校园，美国的教师，西方的知识，还有身负的以科学救国的厚望，在这样的背景里历练的清华学子，遂养成了清华严谨、理性、务实的校风与学风。

颇为有趣的是，与清华一路之隔的北京大学的模样，却别有韵味。因为其原址上的燕京大学的办学取向，使得北京大学与清华貌若两样。

燕京大学乃教会大学，校长是赫赫有名的美国人司徒雷登。司徒雷登出生于杭州，出任校长前是传教士，且正饶有兴致地为金陵神学院服务。他中文极好，热爱中国，也深谙中国文化，按他自己的话说"是一个中国人更甚于是一个美国人"。而推荐他的人评价他"能调和中外，折中新旧思想"。

难能可贵的是，勉强赴任的司徒雷登，在办学理念上却独树一帜——要办一所"中国人的大学"，而他定立的校训则是出自《圣经》的"因真理，得自由，以服务"。一方面是要中国化，另一方面是要求真理、得自由以服务社会。可谓亦中亦西，中西合璧。以这样的理念办学，校园模样当然不会西化，但也不会是纯粹的中国礼教建筑的翻版。

事实的确如此。燕园的总设计，是同样痴迷于中国宫殿式建筑的美国设计师墨菲，两个倾情于中国的美国人，合力打造了燕园的大楼。于是这一所教会大学，内里暗含着西方的情愫，外观宛若中国古老的书院。看似温婉、娴雅，实则不羁不驯。而与这一气质契合的故事，在燕大短短的校史上，留笔颇多。迄至北大，更是如此。

写到这，联想起司徒雷登的一句话来。那是1934年，北平学生因政府对日采取了不抵抗的政策，纷纷南下南京请愿示威，燕大学生也参与其中。校方无法阻拦，便致电正在美国募捐的司徒雷登。司徒雷登回校后，对学生说的第一句话是："如果燕大的学生没有来请愿，那说明我办教育几十年完全失败了。"

大学建筑，是大学肇建者的愿景的外在表达，也是时代诉求所为。当我们查阅中国大学史时，不难发现一个现象——几乎所有创建于近代的大学建筑，那些大楼们，其风格，无一不是西式或中西合璧式。这似乎是对中国大学的一个最直白的图解和诠释——中国的大学就是一个西来的产物，故而怎能逃得了一个"西"字？从这个角度而言，大学者亦大楼也，实是不谬。

近代大学建筑风貌的向西看，是一个必然要出现的结局。因为当时有志于大学教育者，要么是教会，要么是留洋归国者；大学校园设计师，不是外国人，就是外国设计师教出的中国学生，因此无论是大学制度的制定还是大学风貌的建设，天然地会有西方印记。何况"取法日本""照搬美国"，确是彼时白纸一张的中国人办学的一条捷径。

落笔至此，却有些难过。我似乎正违背自己的民族感情，为这一段被逼出来的近代化、国际化而感到庆幸。看到那些历经百年、至今依然挺立在诸多大学校园里的大楼，而且还几乎都是最为美丽的大楼们，内心颇感纠结：看到它们，你会想到中国屈辱的近代史；看到它们，你又会想到，从那时起绵延至今的福祉。

如此一看，大学者，不是大楼么？

2012 年 6 月号
"百年大学经典建筑"

格
物

见微知著，然后以微制著

用成语"一触即发"来形容机关也很合适。所谓机关，就是一种微小的机巧装置，具有控制功能，只要你一触碰它，事情就会发生变化。比如机关枪上的扳机，枪手一扣动它，子弹就会连射出来。正是"一触即发"。

称得上最早的机关术的，是周穆王时期巴蜀人偃师敬奉的木制伶人，它不仅进退、俯仰自如，还会眨巴眼睛。与真人无二。根据文献记载，这件事发生在周穆王西寻昆仑归来的路上，时间大约在公元前989至前985年之间，距今3000年左右。无论用什么语言，也很难表达我对古人所拥有的智慧的吃惊度。这个堪称世界上最早的木头机器人是用什么驱动的呢？或者说暗藏于其中的机关是什么呢？史书上没有说明，我自然也无解。

也许这不过是个传说，不可当真。但其后公输般也即鲁班和墨子制作的能在天上飞的木鸢机关鸟，却是实有其事。而驱动木鸢飞翔的机关是什么，至今也没有人说得清。

了解古代机关术的奥妙是重要的，但更重要的是，这种极具智慧的机关思想源自哪里、始于何时呢？我很想知道。

想起在元代王祯《农书》上看到的一个农具：桔槔。这是一种提水的工具：在井边或水边竖一立木，或就地取材利用树杈，在立木上架一根横木，一端绑上重物比如石块，一端系上水桶，当把水桶投入水中打满水以后，由于另一端的重力作用，水桶便轻而易举、省时省力地被提上来。

桔槔是商初一位叫伊尹的人发明的，那是距今 3600 年左右。桔槔的原理极其简单，"奥秘"就在于利用了杠杆原理。问题是，谁最先又是怎么发现了杠杆原理呢？

我开始假想：伊尹那天在森林里又看见了在树杈上玩耍的猴子，他发现，当猴子处于树杈的中间时，树杈呈水平状；当猴子处于树杈的末梢时，树杈便会失衡，末梢低垂。如果猴子爬回树杈根部，树杈便又重新高翘。好奇怪啊，同样一根树杈，但随着猴子（这是个外力）的位置的变化，树杈也就跟着变啊。看来，外力的位置是决定事物趋向的关键所在。伊尹就这样得知杠杆原理。而且他聪明地领悟到杠杆原理里的关键环节——重力的位置，也就是杠杆原理中的机关所在。

这个假想故事，说明人类最初的理性认识，是来自于对自然规律的悉心观察和总结。比如古老到无据可考的古代计时方法——漏水，就来自于古人对水的规律性流动的认识。"滴漏"这一词语也是得益于此。

这个假想故事还说明，人类很早就发现了事物中都存在着一种能促使万物变化的内在原因——机关。

回头去查"机"的词义。在东汉许慎的《说文解字》里言："機，主发谓之機。从木，幾声。"而"幾"，《说文》的解释是"微也，殆也，从幺，从戍。戍，兵守也，幺而兵守者，危也"。可见，"幾"是微小而重要的东西，有危险性，必须严加看守。可不是吗，可促使万物变化的内在力量通常都是细微的，而且极其重要。

这是否就是产生机关思想的来源？请看，人如果观察自然有所感悟，就会发现决定事物的机关所在，从而创造出机关，即心动，机动；而机关一动，事物就起变化，所谓机动，物动。用成语来总结这一道理，就是"见微知著"，"以微制著"。这是人类认识自然、控制自然的一个过程与表现。

2009 年 4 月号

"机关大法"

那个彩陶王国

那是 2011 年 10 月的一天，站在山西赫赫有名的夏县西阴村遗址上，我瞪大了眼睛，对着一截土墙仔细搜索。一块嵌在墙体上的陶片很快就被发现了。不过那是素陶，而不是彩陶。欣喜中略有点失望。不过这是意料中的事。毕竟此时已不是 1926 年的 10 月，与考古之父李济先生在此发现陶片的年代，已时隔 85 年。此时更不是公元前 4000 年西阴人在此抟泥做陶的新石器时代。

六千年前，这里大概是一处窑场。结束发掘时，李济他们拉走了几十箱东西。有人密报，于是受到盘查。打开箱子一看，全是破碎的陶片，一箱又一箱。尽是"破砖烂瓦"，检查人员不解地放行了。

陶器的烧成，是人类第一次创造出生活用具，而彩陶，则是人类具有精神文化表达意识的发端。所以那些个"破砖烂瓦"的意义不言而喻。它不仅仅让人得以窥见远古人的精神世界，还可以通过彩陶器型、纹饰的传播，探寻某一种文化传播的走向。破碎的陶片，还真不是"破砖烂瓦"。

至今仍在夏县研究西阴遗址的考古人员，拎来了一兜彩陶残片，那是这些年农民们陆续发现捡拾起来的。我拿起一块仔细端详：红地，黑彩。残留的图案像是一个向右上角扬起的弯角，很像那种被李济命名为"西阴纹"的纹饰。完整的西阴纹，应该是连续、有规则地分布在陶器的沿面或鼓腹部位，弯角首尾相连，等份分割。

考古专家王仁湘先生曾撰文指出，早在1921年瑞典人安特生发掘的河南渑池仰韶村遗址里，就发现有西阴纹彩陶。仰韶文化的年代有多早呢？距今七千年。此外，在河南陕县庙底沟遗址也出土有数件西阴纹彩陶，此年代距今约六千年，属于仰韶文化庙底沟类型。此后在河南、陕西、甘肃东部直至湖北，都陆续发现了其身影。1996年，当湖南澧县城头山遗址被发现时，人们又看到了熟悉的西阴纹，而那已经到了洞庭湖边。

王仁湘先生于是描绘了一条西阴纹彩陶向南传播的想象

路线：在六千年前，西阴纹由豫西经豫西南到鄂西北，再经江汉进入洞庭湖周围。

西阴纹彩陶属于仰韶文化，仰韶文化持续时间约两千年（公元前5000—前3000年），在其中期即庙底沟时期，仰韶文化的印记，几乎刻画在四面八方——不仅仅是西阴纹，还有鱼纹、鸟纹及它们的变体，见于至少是秦汉时奠定的中国版图之内的各地彩陶上，相当于建立了一个史前的彩陶王国。

非常奇妙的是，这种设想，在苏秉琦主编的《中国远古时代》一书里得到了一个佐证。在该书的序言里有这样一段文字："由于农业的继续发展和人口增殖的加速，到了公元前第四千纪，在一些地区形成了移民垦荒的浪潮，从而引起了考古学文化的大传播以及不同文化间的接触、影响与融合。"

人口的迁徙，必然带来文化的传播与迁徙，文化的传播、交流与碰撞，可能会出现几种状况。考古学家张忠培先生在其《仰韶时代——史前社会的繁荣与向文明时代的转变》一文中说，在先进文化与落后文化之间，基本上是前者影响后者并起主导作用；在均势文化之间，则相互吸收；若是外来文化与本地文化之间发生了对峙和冲突，那么在为此而展开的激烈残酷的战争中，弱者必然消失得无影无踪。

那些破碎的陶片，可真不是"破砖烂瓦"。其上的每一种纹饰，都代表着一种文化内涵和特质，它走到哪儿，哪里就会或多或少地留下它的痕迹。它越美丽，越芬芳，其感染力、传播力就越强。然后人们不知不觉地就向它聚拢，与它为伍。一种文化，就这样在不同人群中得到认同。有了共同的文化认同，原本不同之人，就会成为同族同群。从多元到统一，华夏文明的形成，实情就是如此，而彩陶文化是在史前为之打下的一个坚实基础。

　　一种看似极为寻常的器物的流播，却会起到不可预料的文化融合与统一作用，这突然让我有所警惕，尤其是一旦联想到现实。虽然我一直在为彩陶王国的绚烂以及它所引起的文化聚合力而叫好，但是如果站在客观的立场上看问题，便会发现其中身为弱势者的悲剧。

　　在庙底沟类型的主流彩陶纹饰里，有鱼纹和鸟纹。它们的影响范围比西阴纹还要广大。以古思今，我忽然想，这鸟，也许它是一只和平的鸟，为你衔来的是橄榄枝；也许它却是一只会吃鱼的鸟。

2012 年 4 月号

"彩陶：中国文明的初声"

苏秉琦先生曾将庙底沟彩陶上所见鸟纹归纳为五种形式，图中所见为第
四种，即"圆点形头，无眼，长喙，长身"。

纹样上的史书

不识字的人，比如孩童，认识世界的方式之一，是看图看画。没有文字（当然包括有文字）的时代，人们表达认知的方式之一，也是图画。因此，诸如彩陶、玉器、青铜器等等器物上的图案、纹样，其实就是无字的文章。

有的图案通俗易懂，比如麒麟送子、百鸟朝凤；有的则颇为费解，比如殷商青铜器上的饕餮纹。虽然人们经常说"饕餮盛宴"，但饕餮究竟是何物，有怎样的含义，三千多年来有多种解读，一直未达成共识。

在一件器物上以怎样的图案装饰，决定因素有许多。检视中国纹样史会发现，还是有迹可寻的。而这个轨迹，几乎就是人的成长记，社会的发展记。

最早的纹样也是最直白易懂的纹饰：绳纹、篮纹、席纹、网纹，等等。专家们把这一类纹样称为"几何纹"。其实，所谓的几何纹，一看便知，就是对日常生活用具最直接的摹拟，它产生的缘由也很好理解。

人类史前的历史，被划分为旧石器和新石器时代，在考古学上，前者以使用打制石器为标志，后者则以磨制石器为主。新石器时代还有几个显著的标志：人类长期定居形成村落；开始种植农业、饲养家畜；烧制陶器。

2009 年，江西万年仙人洞和吊桶环遗址出土了一块距今两万年前的陶碗片，这是迄今为止发现的全世界最古老的陶制品。经过清洗、拼对、复原，陶碗表面显露出清晰的绳纹。绳纹如何得来？与陶器的制作方式——泥条盘筑法有关：把泥条一层层叠筑起来后，再用缠有纤维或绳子的陶拍拍打。然后，器表上就会留下类似绳纹的印痕。

当然，这时的绳纹，还不能算作装饰性纹样，而是生产留下的印痕。拍打的目的，是使陶器牢固，不易渗漏、重心稳。但无心插柳柳成荫，印痕这一无意之作，却给人带来了一个有意之为，当用双股线搓成的绳，或用三股线辫成的绳，都有序、有意识地移植到陶器上时，纹样就诞生了。

有一个现象很能说明问题。据学者研究，在西安半坡遗址里出土的彩陶，其 80% 的纹样为几何纹；而以编织纹为主要代表的几何图案，则是新石器时代遍及全球的陶器的普遍装饰。可见，照搬与摹拟，是纹样最初的来源。

被照搬或摹拟的纹样很多，如水的波纹，火的光芒，太阳的圆，山的起伏，乃至蚌壳的纹。在距今七千年的浙江河姆渡文化里，还有独一无二的稻穗纹，因为，那是最早的稻作文化区。

毫无疑问，动物也是人们心怡的对象。鱼、鸟、蛙、蛇、牛、羊、猪，不可尽数。不过有的动物纹，却不仅仅只是简单地照搬或摹拟，而是深含其意。

1921 年，大量精美的彩陶，从河南渑池县仰韶村出土，这处遗址由此被命名为仰韶文化（公元前 5000—前 3000 年）。在仰韶文化里，有一个重要类型：以西安半坡遗址为代表的半坡类型（公元前 4800—前 4300 年）。在半坡彩陶的动物纹样里，鱼纹最为习见，可谓半坡典型性纹饰。鱼纹众多，但有一种堪称稀奇，即彩陶人面鱼纹盆。在盆的内壁上，以黑彩绘出两组对称人面鱼纹。人面呈圆形，头顶似有发髻和鱼鳍形装饰。眼睛似闭非闭，嘴巴左右各有一条变形鱼纹，耳旁也有两条小鱼分列左右，构成形象奇特的人鱼合体。

类似的人面鱼纹彩陶盆，在遗址中出土了多件，都是儿童瓮棺上的棺盖。人鱼合体，装束奇特的人头，又是葬具，有学者因此分析，此形象象征着巫师请鱼神附体，为夭折的儿童招魂祈福。也有人认为人鱼合体，寓意鱼已经被神化，可能是一种图腾标志。

有偏好鱼纹的，也有钟爱鸟纹的，仰韶文化中另一重要类型——庙底沟类型的彩陶，鸟纹就极多见。侧首觅食的，展翅欲飞的，昂首挺立的，伫立张望的，形态各异。考古学家石兴邦先生在1962年发表了《有关马家窑文化的一些问题》一文，他说，彩陶纹饰"在绝大多数场合下是作为氏族图腾或其他崇拜的标志而存在的"，"仰韶文化半坡类型与庙底沟类型分别属于以鱼和鸟为图腾的不同部落氏族"。

像是为了印证考古学家的言论，1978年，从河南临汝阎村的仰韶文化墓葬中，发现了一只作为葬具的彩陶缸，上面绘有一幅图：左侧，是一只高大、目光炯炯的白鹳，嘴里衔着一尾身体僵直、已失去抵抗力的鱼；右侧立着一把石斧。考古学家严文明在《"鹳鱼石斧图"跋》里，详细分析了这幅图的含义：白鹳和鱼，分别代表的是两个部落的图腾，而斧钺在原始文化中象征着尊贵、威严和权力，能够享以这一葬具的，必定是该部落的首领。因此，这幅图传达的意思是，以鸟为图腾的部落首领，带领氏族战胜以鱼为图腾的部落。

自然界从被照搬与摹拟的对象，转而成为图腾——人的祖先或某一群体、社会组织的徽号，从图案到图腾，透露的是人对神的崇拜和诉求。

历史的进程大家都知晓，后来便是文明日渐进步、生产力逐日提高、人的力量日益强大。这时，神，退居二线了，纹样也随之而变，一切以人的生活和人的欲望为中心。这一转变，正是出现在春秋战国这一诸国争相称雄称霸的时期，此时的代表性图案，是水陆攻战图、人兽博弈图、宴乐图。而当大汉朝登场时，人已经不满足于做凡间的主人了，一心渴慕不死成仙。于是，很自然地，以云为轮，以星空为地的人驾龙车、虎车、鸟车升天的画面，满布于两汉画像砖、漆器、丝织物上，这一意念是如此强烈、鲜明，以至于对它丝毫不必费心猜想，一眼明了。图案绘出的历史，传神也迷人。

2016 年 11 月号
"最中国的图案专辑（上）"

最奢侈的消费

　　世人观赏文物，一般首先注意到的都会是文物的材质、造型、纹饰等等这些属于外观的东西，而且通常是一边目不转睛地盯着，一边嘴里还会不由自主地发出啧啧赞叹。对于后人来说，似乎这些文物的第一价值或者说唯一价值便是"精美"。有一天与社科院考古所的刘庆柱先生交谈时，却发现他不太强调"精美"，也就是文物的审美价值。因为美没有标准，他说，比如商代青铜器，很多人觉得很美，可是也有人觉得它很恐怖呢。确实，美学家李泽厚给商周青铜器的一个定义就是"狞厉之美"。让商代青铜器戴上"狞厉"美名的，很大程度上应归功于一种被称之为"饕餮"的图案。那是一个说不清是什么兽物的形象，有首无身，总是怒目或者说巨目圆睁，极夸张地出现在绝大部分器物上。

综合史上所有文献的解释，饕餮都是一个被恶贬的形象：贪吃、凶残。如果时光倒回三千年，我想商人即使再怎么出格，也不会把这样一个兽首当作美的象征。那么饕餮为什么会被推举为"第一青铜形象"呢？接下来要探讨的就是赋予在器物身上与审美无关的东西，比如历史信息、文化符号甚至科技意义，而这些，才是专业人士所看重的。它们高于审美。我原来不这样认为，但现在很赞同。

商是怎样一个时代，已经被专家们研究出了个大概：奴隶制国家，绝对信奉神权和由神授予的王权，拥有众多属国，石器为主要生产和日用工具。青铜呢？是当时极为稀有、珍贵的金属资源，因此只能被专有专用。

由于虔诚地信奉神权，相信神是一切主宰，同时为了向黎民强调王权的合法与不可动摇性，商人最大的国事就是祭祀——问神慰祖。于是为了祭祀，全社会可以不计代价和成本，用资源最稀缺、技术含量最高的青铜器作盛摆祭品的礼器。试想一下，在只能用石器做生产工具的年代，青铜器显然属于高端奢侈消费品。我想起在巫鸿的《礼仪中的美术》上看到的一句话："浪费可以提高消费者的社会声誉和权力。"

所以，但凡是这样的"浪费"，都不差钱。

在上古时期，被巫师们用以沟通天地的工具通常有这样几样：神山、树木、龟策、动物以及药料，其中包括酒。所以在青铜器上刻绘动物形象就很好理解了。而越是超现实的动物形象，大概越有助于通神，比如龙、虬、夔还有饕餮。而且用人们没有见过的动物形象，大概还有一种助威、恐吓作用，让小民不敢有质疑之心。

可见，在今人眼里具有狞厉之美的饕餮，实在与商人的审美倾向无关。相反，如果有谁不幸贱为贫民或者奴隶，看到饕餮，大概更不会产生丝毫的美感。因为，在商代，杀人做祭祀用的牺牲，在历史上达到了鼎盛。根据殷墟发现的甲骨文记载，从盘庚迁殷到帝辛灭亡的 273 年间，被杀用作祭祀的人数，达万人之多。在现存国内的甲骨资料中，有关人祭的甲骨1350 多片，上面刻有卜问人祭的卜辞，有 1990 多条！被砍杀、剥皮、剁成肉酱的人牲的地位，远远不如被高高供起来的青铜礼器。此时再看刻绘在上面的饕餮，能有什么想法？

幸好春秋战国来了。人觉醒了，饕餮从此不见了。

2009 年 9 月号
"青铜里的商周"

烛光灯影留给我们的

提起灯烛，便会想到南宋文人辛弃疾的词《青玉案·元夕》："众里寻他千百度，蓦然回首，那人却在灯火阑珊处。"与此同样朗朗上口的是晚唐诗人李商隐的《无题·相见时难别亦难》，一句"春蚕到死丝方尽，蜡炬成灰泪始干"，千古传诵。

灯烛似乎是历代文人墨客的最爱，有学者统计，在收录了 4 万多首诗的《全唐诗》里，写到灯的意象的有 1261 次，写到烛的也有 810 次之多。其中写得最多的诗人分别是白居易和李商隐。

我忽然有点好奇，想查查是否有人写灯烛的"兄弟"——后来居上的煤气灯和电灯的诗，结果却是寥寥无几，更遑论有何名诗、佳句。煤气灯于 19 世纪 60 年代中期开始进入中国城市，新生事物的出现，也引发过一些文人的诗兴，看罢颇觉好笑的有这么一句："电火千枝铁管连，最宜舞馆与歌筵。"20 年后电灯取代了煤气灯，又有人赞颂道："近风不摇雨不灭，有气直欲通氤氲。"与数不胜数的描写灯烛的诗词相比，这些诗作无疑是相形见绌。即便是大名鼎鼎的闻一多先生，在静夜抒怀时，也只写出了这么一句："这灯光，这灯光漂白了的四壁。"

同为用于照明的工具，为何电灯就无法给人带来诗意？我想缘于其意象的贫乏。

中国古诗最看重意象。何谓意象？简单地说来，就是承载、寄托了思想、感情的物象、景象。当意与象水乳交融，便构成一种象里有意、意里有象的境界。在中国古诗里，有不少传统或曰经典性的意象，如笙、箫、笛；星月、舟船、亭桥；水边柳、雪中梅、镜中花……随便捡拾起一个，都可以让人联想无边，寄情万种。不信请看："二十四桥明月夜，玉人何处教吹箫"（杜牧），"天涯也有江南信，梅破知春近"（黄庭坚），"梨花院落溶溶月，柳絮池塘淡淡风"（晏殊）。

而灯烛，在其出现后也逐渐由一个寻常的物象，上升为人们常用的意象。

灯，主要为油灯；烛，有火把、蜡烛。灯烛的物质属性，决定了它的文化意蕴的丰富。南昌大学的何世剑老师总结了灯烛的几种意象。其中之一是有"朋友"之意。确实，在民间便有这样的说法，如果蜡烛生花、吐辉或灯光突然闪亮，就预示着将有朋友来访，乃喜兆，是"灯花报喜"。杜甫的《独酌成诗》就有这样一句："灯花何太喜，酒绿正相亲。"《水浒传》第二十一回也有类似的描写，话说宋江投奔柴进，见面后两人互相叩拜。柴进扶起宋江来，口里说道："昨夜灯花，今日鹊噪，不想却是贵兄降临。"

油灯有大小，灯光有明暗，灯火有明灭，由此人们又自然地联想到人生：人之衰老犹如风烛残年；人之将死，恰似灯油将尽。正是："一朝风烛，万古埃尘。"（庾信《伤心赋》）。

古时王公贵族宴饮通宵时，旁边大多需要有执灯掌烛之人，而且通常为女子。美人红烛两相映，久而久之便形成一种思维定势：灯影摇红，佳人楚楚。正可谓"红烛影回仙态近，翠鬟光动看人多"（李郢《中元夜》）。以至于到后来，红烛就意味着爱情，洞房必是花烛夜。

其实灯烛的意象归纳起来大致可以分为两大类：或者是温暖、光明、希望、欢乐、亮丽，或者是孤独、清冷、寥落、哀婉。摇曳的灯火里，若有朋友相聚、家人相伴，那就是"门外碧潭春洗马，楼前红烛夜迎人"（韩翃《赠李翼》）。若是独在异乡为异客，那就是"落叶他乡树，寒灯独夜人"（马戴《灞上秋居》）。倘若别妻离友，那就是"蜡烛有心还惜别，替人垂泪到天明"（杜牧《赠别》）。这种现象，就叫作"触景生情"——灯烛所产生的各种景象，由不得人不生出情意。

难道电灯就不能寄情寓意吗？或许有人会问。让我们看看吧。人们形容电灯时用的最多的字眼是"耀如白昼"。凡是电灯照耀处，就失去朦胧、神秘的情趣。比如一对男女正在热恋中，有不识相的非要夹在中间做个陪客，这时有一个很好的词汇可以形容——"电灯泡"。这就是人们从电灯里看到的，是有物象，而无意象。灯烛与电灯同为照明之物，但烛有泪，摇曳着红光，可以让人写出"欲问星明夜，摇红泪几行"，这样的诗句，明晃晃的电灯就不能。

我想，现代工业文明下的产物，大多都很难产生诗情画意。所以日日用着现代化产品的现代人，也很难写出古诗的意蕴。可是人心比工业化产品要细腻、复杂、柔软得多，内心深处还是顽强地留存着"秉烛夜游""红袖添香"的渴望。这真是令人无奈。幸好，虽然电灯让夜提着油灯走了，描写灯烛的诗却留下了，也给我们留下了在精神上"一晌贪欢"、回到古典的时刻。

2011 年 2 月号
"灯火耀长夜"

麻将里有什么

　　我先生的奶奶今年九十有六，称得上名副其实的老人。最能说明她"老"的事情是，早在几年前，我回老家福州，她就已经不认得我了，这两年，连重孙子孙女也不认得了。无论你怎样嘘寒问暖，她都一脸迷茫地看着你说："这人是谁呢？"记忆力衰退到如此程度，打麻将却没有问题，还经常赢，冷不丁的还要赢个大的。

　　福州话叫奶奶为"依妈"。依妈的牌风很好，在牌桌上少言少语，输了赢了，脸上的表情都是淡淡的。也很少恋战，大抵每回玩上两圈就罢手。听说依妈也是大户人家出身，出嫁时还有个陪嫁丫头，只可惜中年丧夫，后来竟靠着给人缝补、浆洗，独自把四个孩子拉扯大。其中的艰辛自不必说，却从未听见她抱怨。养大了儿女，又帮衬着带孙子、重孙辈。一生留给自己的娱乐，大概就是空闲时打两圈麻将。

我不常回老家，但在"老家"的辞典里，想起依妈，眼前首先浮现的便是她静静地坐在桌前打麻将的样子，那满头的银发，安稳的身子，淡定的表情，像挂在家里的油画，让人看了，心里就有一种温暖与踏实感。

我的公婆退休后也爱打麻将，一块儿玩的多是亲戚朋友。公公婆婆几乎每年都要来北京一趟，来了也打，只不过是去郭叔叔家。郭叔叔是公公的同学兼战友，郭叔叔的妻子花姨是婆婆的学生，两家人因此格外亲。郭叔叔家住东郊通州，每回公婆人还没到，双方就开始下约，等约定的日子一到，那边就一大早派车来接，一块儿住上两三天。四个人一边打麻将，一边东南西北地把这一年要说的话都唠完了才散。前年，郭叔叔突然去世，公婆很担心花姨，因此去年来了便立刻前去看望。麻将还照打，只不过郭叔叔的位置由他女儿顶替。四个人依旧一边打麻将一边聊天，而郭叔叔的照片就挂在墙上，好像在看着他们。那光景说不出有多么凄惶，麻将搓得再响，也终归抵不过那熟悉身影的缺失。公婆头一回没在那边过夜。

很多人不喜欢麻将，觉得没有丝毫益处。我不这样想。

且不说麻将所吸纳、蓄积的各种智慧和文化有多么厚重，仅仅看那些因为这个世界有了麻将而生活中便格外又多了一份亲情、友情和温暖的人，就没有理由鄙视它。至于说到麻将是赌博的工具，那不是麻将的过错。想赌的人，什么都能拿来赌，比如大家熟知的赌马、赌球、赌牌。

麻将在中国的历史很悠久，在国外也不短。从20世纪20年代传到美国开始，就陆续在欧美各地推广，也由此诞生了许多与麻将有关的故事。日本麻将博物馆收藏的麻将，似乎每一副都有历史。有一副牌是用铝板做的，诞生在1954年的越南，制作者是一位参加法越战争的法国士兵。越南独立战争胜利后，这名士兵成了俘虏，在寂寞难耐的囚禁生活中，他想起了与家人一起打麻将的情景，遂用可以找到的铝板做了这副麻将。那副麻将的"东、南、西、北"牌，是用英文字母的"E、S、W、N"表示，而繁体的"發"字似乎把他难倒了，于是只能凭着记忆刻了一个神似形不似的"发"。有人称这副麻将为"越南独立的历史见证"，而当我看到它，却觉得它是对"家"的一种见证与记忆。

2009年2月号

"我爱麻将"

在「门」的背后

夜，两扇柴门半掩着，一束月光，悄悄地从门缝间射入门内。这一幅场景表达的是什么？古人说就是"门缝"啊，然后用一个字（符号）"间"来指代。"间"初生时，是被写成像画一般的晶，其形就像月光从两扇门中透入。后来篆文将月移到门中，遂变为閒，再后来，改月为日，又至简体，就成我们今天看见的"间"了。

间的本义指门缝，后引申为"中间、空隙"，再后又引申为动词"隔开、间离"，再后来，其意与其他汉字一样，随着人们认识的加深而不断得到衍生。

从一个实体、实景、形象里创造文字，这是汉字造字法的特点：取象于物，以字形与物象的相似为理据，所谓象形文字是也。这样造字的好处是，直观、易识，面对一个就像画一样的生字，即使不能精确识读，也能猜个八九不离十。比如认得"水"，就大致知道凡以水为偏旁的字，比如江、河、湖、海等，都与水有关系；认得"木"字，就可知松、柏、桃、柳这些以木为偏旁的字，都与树木有关。于是每一个汉字仿如一个家族，有始祖，有子孙，记住源头，便知结果。

"间"就是因门而生的，可谓门之子。门之子有多少呢？细数《康熙字典》里带"门"字旁的字，为316个，若是常用的，也有50余个。每个以"门"为部首的字，再与另一个字组合，又会生成无数的词汇，正是"一生二，二生三，三生万物"。

语言文字会影响人的思维，这已经是学界的一种共识。从原始图画发展而来的象形文字，因其字与形与意的高度一致，导致中国人善于形象思维。而以字母为元素的拼音文字，其字型与读音具有一致性，但与所指的事物之间却没有形似和意义的关系，因而是抽象的，由此也培养了使用拼音文字人的抽象思维的能力。

以形象思维为思维方式的人，会有什么文化特点呢？——由此及彼，由象生意，由个体代整体。我们还以与门有关的字为例。

古时没有门锁，但是在门内安装一根可以活动的横木，把两扇门拴牢在一起，就可以代替锁关门了。我们来看"关"的金文，正是两根门闩各自插进栓孔里的样子。因此关的本意就是门闩。一扇门是否能关严实了，门闩是关键，因此延展开来，"关"就有了"控制出入的要害部位"和"控制出入的人"之意，比如关隘、关卡、关口、守关等等。于是过关与守关，都变得极不寻常，有了英雄和浪漫的色彩，比如"过关斩将""一夫当关，万夫莫开"这样的言语，谁听了都会景仰佩服。而"万里赴戎机，关山度若飞"的诗句，读来就更令人心生豪情。

"关"还有我以为是更绝妙的联想：但凡要害部位都是不易通过之地，不易度过的时日，于是"关"字一族又添了新成员：年关、鬼门关、牙关。我们每每遇事艰难时，常会用"咬紧牙关"来鼓励自己，可当你追根朔源，发现关是门闩之意时，禁不住要哑然失笑！可是再一思忖，从彼关到此关，其间思维的发展轨迹，多么精彩！简直就是一次华丽的转身。

捡拾与门有关的字词时，还会发现这种由象生意的思维转变，颇有深意。比如"门第"一词。

第是什么？在古代，为了管理的方便，城市被划分为一个个的里巷，每个里巷都有一座面街的大门闾门，昼开夜闭。试想一下，这出门上街，得多费周折。不过有人例外，谁？王侯大夫们。为了方便他们出入街市，其院门可直通街衢，出入不走闾门，相当于一种特权。第，曰向街开门。一个规定，便诞生了门字家族一个新词——门第，而且"门第"从此从一种建筑形制，转化为显贵之家的符号。

客观而言，门是一幢建筑或一种空间的出入口，可在中国，当它一旦和栖居在里面的人结合时，门就成了某个个体或群体的"形象代言人"。门楼的有无、高矮，门面的阔窄，门钉的多少，都成为识别其主人的身份、阶层和地位的符号。于是门就成为家、家族、派别的脸面，于是便有了纷繁多样、意味深长、中国独有的各种"门"：门阀、门望、门楣、门风、门派、门生、门徒、豪门、柴门、朱门、空门……

美国语言学家萨丕尔（Edward Sapir）在他的《语言论》一书中有一句很精辟的话："语言的背后是有东西的，而且语言不能离开文化而存在。"

"门"即是如此。

2012 年 3 月号
"门面中国"

元人刘贯道在《消夏图》中用屏风巧妙地传达了文人身、心、意相离又相合的境况。画中主角在仕女环绕中乘凉，屏风中的他又在博古，博古场景的背景屏风中，是他最向往的隐逸山水。

写在屏风上的心思

1951 年，河南禹县修建白沙水库，抢救发掘库区的古代遗址和墓葬的工作也同时进行，其结果是三座宋代家族墓惊见天日。墓里有许多砖雕壁画，其中一副是墓主、北宋末年赵大翁夫妇宴饮的场景。

壁画上，赵大翁夫妇二人袖手隔桌相向而坐，两人的身后各立有一扇单扇屏风，在方桌的后面，又立有一扇大围屏。围屏前，侍立着捧唾盂的男仆，捧奁盒的女仆，还有乐工、杂役等等。北宋时期富绅们的日常生活情景，宛然在目。

不惜笔墨地介绍这幅壁画是想说明，在古人的生活中，屏风是个重要的物件，无论室内还是室外，都少不了它的身影。这从至今遗存可见的绘画、雕塑等图像资料上，都可发现。

屏风在古人生活中是如何被使用的？最常见的就是分隔空间。比如上述的壁画，在不大的画面里，屏风就营造出三个空间：夫妇二人的小空间，夫妇和随侍者之间共享的大空间，再有就是未被画进的、被围屏隔挡在外的更大的空间。

在一个相对的环境里，人为什么要层层分隔出一个又一个空间来？我想是为了强调位置感和存在感。在茫茫世界里，芸芸众生，各有其位。如何标识以示区分呢？一个字"隔"。仍以白沙宋墓壁画为例：赵大翁夫妇宴饮，二人世界，是既需要人伺候，又不能被过多干扰，因此，在其身后各立一扇屏风，就不会有来自身后的扰动。

赵大翁的家，一定不止一间房，即便只有一间房，也会有一些不同用场，诸如睡觉和会客。因此大围屏的用处就是在一个大空间里，再隔出一个主人用膳区。粗鄙、闲杂人等，不得靠近。空间内外，身份和等级，一一界定。

有人会说，要隔何必用屏风，用墙岂不隔得更到位？如同当代人，吃饭、会客、读书，分别有独立的餐厅、客厅和书房。

请想象一下一屏之隔与一墙之隔的视觉和感觉差异吧。

用屏风还是用墙来隔，差别在于前者是在同一个空间里的似隔非隔，后者则是完全的隔绝，隔绝之后，就是不同的天地了，其美感和心理暗示也截然两样。

美术史家巫鸿在他的《重屏》一书里对此有详细的论述。他说，屏风的前后，是两个含义完全不同的区域，对于背朝屏风或是被屏风环绕的人来说，屏风后面的区域，从他的视线里消失了，他会发现自己处于一个半封闭的区域之中，而这个区域是属于他的，"他是这个空间的主人"，"屏风确立了一个只为他的视觉独享的场所"。

《礼记注疏·明堂位》记载了周朝初年（公元前1037年）举行的一次宫廷庆典，明堂即王朝举行庆典之地。根据记载可知，当时来朝各方的区位。简要地说，按照中国与四夷，远近、亲疏与尊卑，大家分别以扇形，分坐于内环和外环。扇轴，即中心点，是一个王座以及王座背依的一架屏风。这一情景在后世许多画作以及故宫乾清宫里得以再现。屏风在此的作用不言而喻了。巫鸿认为，一方面，屏风为兼具仪式性与象征性的地点——天子的领地——划定了边界，而另一方面，屏风又如同天子的脸，天子自己看不到，但其余人则注定要瞩目。屏风帮助天子成为空间焦点。

倘若，天子是在一间屋子里接受朝拜，而其余人在屋外散坐，效果会如何呢？不处于同一空间里，缺乏形式上的强化，人们就不会觉得有天子在场的感觉吧。天子在房间里，离我远着呢，屋外的人在心里大概会这样想。

如果大家和天子处于同一空间里，但王座后没有屏风围挡，天容威仪的效果也会大打折扣的。

屏风的这种隔、挡，在空间里重新塑造空间然后赋予空间以特殊含义的特点，没有任何一种家具可以取代。这是古代中国人的各种诉求和审美的结晶。

我喜欢看绘有屏风的古画，透过画作，可以窥探些许古人的心思。好些绘有屏风的古画，最初就是画在屏风上的。而有的屏风画，画里又画有一个屏风，可谓"重屏"。凝神观看这些重屏，不免就要猜想画者的用意。

重屏画的首创者，是南唐宫廷画家周文矩，画名《重屏会棋图》。这幅画最初是装裱在一扇独立的屏风上，画的前景是四个男子围成一圈，或下棋，或观弈，中心人物是一位表情威严戴着黑色高帽的长髯者。在他的背后，是一架单面屏风，屏风上又画着另一场景：一位男子斜倚在床榻上，四位女子在一旁服侍着。而在这组人物的背后，又是一扇画有山水景色的三折屏风。

　　同在一幅画里的三幅屏风画，想说什么呢？巫鸿先生给出了他的解读：前景中的画，象征着这个男士的社会形象：尊贵、智慧；其后是他在内房的私密生活形象；而那幅画有山水的，则象征他高尚的精神世界。

　　屏风发展到此时，已不仅仅在物质世界里划分空间，还成为人们表达内心多重空间的媒介。一架屏风，却饱含着建筑、美学和文化的多重意象，它是多么不寻常！遗憾的是，如今似隔非隔有着独到内涵的屏风，已离我们远去，只剩下可以挡煞的起风水作用的屏风还在苟延残喘。再甚或，就是让人苦笑的活动门板了。

2011 年 10 月号
"屏风内外的风景"

塔动？心动？

　　佛塔，可以近赏，也可以远观。近赏，它高大、庄严、神秘。塔上的浮雕装饰，无一不飘散着佛的气息；远观，它俊秀、高远、空灵。在平庸的天际线上，勾勒出一个个诗的音符。

　　同样是塔，观赏位置不同，所得的感受也有异。可谓塔动，心动。不过，塔究竟是受人顶礼膜拜还是点缀风景，全由人心，因而实际上是：塔不动，心动。

　　这话说得有点禅意，像偈语。心为何动？因为对塔的认识、态度变了。

　　追溯塔的历史可知，塔原本只有一种作用：收存舍利，以资纪念。这是佛的旨意。《长阿含经》卷三《游行经》记述了这一来由。临近涅槃，佛对弟子说：阿难！汝欲葬我，先以香汤洗浴，用新劫贝周遍缠身……收舍利，于四衢道起立塔庙，表刹悬缯，使诸行人皆见佛塔，思慕如来法王造化。

塔，是对梵文 Stupa（窣堵坡）或 Thupa（堵坡）的意译。魏晋以前，尚无"塔"字，时人称它为佛图、浮图或浮屠。不管如何称谓，塔在古代印度，就是收存遗骨的坟冢。其最初形式为半圆形土堆，像一个倒扣的钵，故称"覆钵塔"。印度世界文化遗产桑奇塔，便是经典代表。

佛舍利藏于塔，塔便如佛身，见塔即如见佛，塔就是佛教信徒精神崇拜的圣物，他们以顶礼佛塔为修行功课之一。于是朝拜塔者纷纷而来，围绕着塔，便于信徒们从事佛事，修行的伽蓝精舍——寺庙僧院，也便随之而现。这叫立塔为寺。印度如此，中国呢？起初亦如是。

众所周知，中国第一寺为洛阳白马寺。白马寺是汉明帝为接待从天竺请来的高僧，将"外交部招待所"鸿胪寺临时改建而成的，用于安置僧侣和佛经。虽是仓促修建，但白马寺却新立有"浮图"——中国历史上最早的塔齐云塔。根据魏收《魏书·释老志》的记载，它"犹依天竺旧状而重构之"，那么以此推论，它也属于立寺必立塔，无塔不成寺。

《后汉书·陶谦传》里记载了一座塔，为东汉末年军阀笮融在徐州所建。取名为浮屠寺，可见浮屠是主角。笮融建的浮屠寺是怎样的呢："上累金盘，下为重楼。"金盘，即相轮，是贯串在塔刹刹杆上的圆环；重楼，乃秦汉时流行的追求神仙道术而起的高楼。金盘加高楼，组合出来的就是楼阁式塔。"又堂阁周回，可容三千许人。作黄金涂像，衣以锦彩。"塔周围以廊阁围绕。可见是塔居中心，立塔为寺。

时间走到了魏晋南北朝，依旧是立塔为寺，但此时塔和寺的位置关系，却有了微妙之变。

中国历史上最高、最大也最为宏丽的塔，是北魏洛阳永宁寺塔。遗憾的是，公元534年，一道雷电击中了它，中国第一塔竟从此化为灰烬。后人只能从杨衒之的《洛阳伽蓝记》里一睹其貌：寺"中有九层浮图一所"，"浮图北有佛殿一所，形如太极殿"，"僧房楼观，一千余间，雕梁粉壁"，环绕其周。1979年，中国社科院考古所对永宁寺佛塔遗址进行了为时5年的发掘，证实了这一建筑布局。

微妙之变在哪儿呢？——寺院中心设塔，塔后建殿。这"取代了以往一塔独秀的局面，表明了佛殿的地位正在上升"，佛教文化研究者常青在《中国古塔的艺术历程》一书中指出。

而这一做法在当时的洛阳还不是孤例。

永宁寺四围有墙，四方各开一门，永宁塔正对南门。在脑海里画一幅图：山门、木塔、佛殿，沿中轴线一字排开。严谨规整，讲究中轴和对称，学者王世仁认为，这种寺院平面布局方式，源于中国的礼制建筑——明堂。

明堂是中国古代重要的国家宗教建筑，用以祭祀天地、社稷、祖宗，其后的含义是政权的合法化。

也有人认为这一布局是中国院落文化的体现，而院落文化实质上是一种"礼制文化"，其核心是尊卑有序、上下有等的等级文化。在等级文化中，居中者最为尊贵。

洛阳永宁寺几乎就是北魏洛阳皇宫的翻版。除了塔。但永宁寺塔也非一般佛塔。它高，高达 136 米；它尊贵，用红黄两色装饰；它有十丈高的金刹，刹上有容二十五斛（斗）的金宝瓶，宝瓶下有承露金盘三十重，金盘周围皆垂金铎，还有五千四百枚金铃，众多的金环铺首……它"绣柱金铺，骇人心目"，杨衒之说，"去京师百里，已遥见之。"离首都 50 公里都能望见，这是佛塔，也是地标了。那么兴建这样一座塔的主人会有怎样的地位呢？与天齐高吧。

神圣的佛塔，被世俗利用了。

永宁寺乃北魏胡太后所建。胡氏曾为宣武帝妃，其子孝明帝继位后，她便垂帘听政。为了权力，这位笃信佛法之人甚至不惜毒杀亲儿子。

公元 519 年，永宁寺塔建成，胡太后要登塔，大臣劝谏，她仍坚持。根据教义，佛塔禁止登临，只可于塔下绕塔三匝，顶礼膜拜。但临塔远眺实在太有诱惑性了。胡太后站在塔上，皇宫视如掌中。

塔虽居中，但已不是至圣。隋唐时，则发展到连居中都不必了。塔退居两侧或寺后，成了寺庙、园林的点景要素。而登塔更非禁绝。唐朝诗人刘禹锡也登塔了，留下诗作《同乐天登栖灵寺塔》："步步相携不觉难，九层云外倚阑干。忽然笑语半天上，无限游人举眼看。"此时的塔，娱神也娱人了。这么想来，应该是心动，塔动。

2016 年 6 月号
"塔"

800年来的补经之手

这是一个漫长的故事。从缘起到结束，整整 800 年。800 年的光阴，叫人不能不相信，一切似乎真有因缘宿命。

故事的缘起与结束，都悲壮感人。

山西潞州（今属山西长治）人崔法珍，从小向佛。金熙宗皇统九年（1149 年）前，崔法珍忽然发愿，要募刻一本大藏经，而后毅然断臂化缘。其举感动了四方乡民，她在晋南和秦西游走，百姓纷纷解囊。有点资产的，就捐出数千贯，刻经至数十卷；没有盈余的，施树、施骡、施布，尽其所能，刻个一卷半卷。崔法珍筹得一些钱，就送到山西解州静林山天宁寺刻版刷印佛经。如此，一部集平民之力私刻的经书，历时三十载，方成就宏愿。

金世宗大定十八年（1178年），崔法珍将印本敬奉皇室，金世宗高调迎接，并命圣安寺设坛，为崔法珍受戒。五年后，为了弘扬佛法，崔法珍又将经版送到燕京刷印流通，再受表彰，得赐紫衣，受封为"宏教大师"。

这是一部极为珍贵的经书，因为它完全覆刻自宋代《开宝藏》，相当于一次影印——连错别字都照样抄录。而《开宝藏》是中国第一部木刻版汉文大藏经，为北宋开国皇帝赵匡胤平定江山后主持编纂的，今已无存。崔氏藏经依《千字文》编帙，从"天地玄黄"的天字始，至"庶几中庸"的几字止，凡有682帙，综计原藏应有7000卷。

卷帙浩繁的崔氏大藏经后来怎样了？它经得起王朝更迭、时光销蚀吗？

"十年天下满兵埃，可惜金文半劫灰。欲析微尘出经卷，随缘须动世间财。"这是耶律楚材在修补大藏经版时所写。那是公元1236年，历经蒙金战火，大藏经也难逃劫难。元太宗窝阔台遂发心雕补。时为中书令的耶律楚材依燕京弘法寺旧藏，补雕大藏经。弘法寺本辽金巨刹，燕京又是中书省治所在，补雕之事于是遍集中书省属各名刹之雕字僧人，诸如北京路之北京传教寺，燕京路之燕京弘法寺，宣德路之蔚州普勤山大明寺。

大藏经由此进入一段安然的岁月。元世祖中统初年（1260年），它遇到了一位求经者——山西赵城县广胜寺（今属山西省洪洞县）。位于太岳山脉霍山南麓下的广胜寺，因古有阿育王塔院一所，由唐代名将郭子仪奏请敕建。广胜寺的这次印造，可谓崔氏大藏经的一次造化，因为此后它竟成为世间孤本！

时光来到了明万历二十四年（1596年），正值林花茂盛的春天，一位来自解州静林山万寿禅寺的比丘尼悟顺，云游到广胜下寺，见古藏多有残坏，遂发心修补，其情形，在经中题跋上一一可见。

一位来自解州静林山的比丘尼，来补广胜寺的旧物，冥冥之中，该不只是巧合。确实，因为奇妙的因缘，在又一个300多年后，再次来到。

那是1930年，陕西大旱。居士朱庆澜到陕西救济灾民，无意中在西安城内的卧龙寺和开元寺发现了又一无价之宝——宋版藏经《碛砂藏》。上海佛学文化界专门组织了"影印宋碛砂藏经会"，并委派范成大法师去寻找缺本。又是因缘际会，范成来到了广胜寺，然后就看到了广胜寺的秘藏——

在弥陀殿的藏经柜中，大藏经整齐有序地摆放着。这部经，他向所未见，而佛界也几乎不知，此事竟成轰动新闻。于是南京支那内学院的蒋唯心奉师欧阳竟无之命，前往广胜寺考察。

1934年秋，蒋唯心抵达广胜寺，忍着旅途落下的眼疾，他终日披阅藏经，凡40余日，共4957卷，终于弄清了这部经书的来龙去脉。因其刻于金，发现于赵城，遂命名曰《赵城金藏》。这一部迄今所有大藏经的鼻祖，就此重见天日。回南京后，蒋唯心即发表了15000字的《金藏雕印始末考》，上文所述事实，亦皆来源于此。

故事至此，尚未圆满，且仍一波三折：《赵城金藏》名扬海内外后，遭致各方人士谋夺。其中最具威胁者，则是日军。1942年4月下旬，在日军即将行动前，得到住持力空和尚求援消息的八路军太岳军区，立即派人连夜抢运，将《赵城金藏》转移出寺。

战火之中，哪有安全之地？《赵城金藏》不得不随着八路军辗转于太行山中，直至1949年4月30日。那一天，中共中央决定，将《赵城金藏》交由北平图书馆庋藏——这一年，离它的出世，恰是800年。

800 年后《赵城金藏》回归北京，不正是它的宿命？当4330 卷又 9 大包潮烂断缺的藏经送入北图时，国家又举全社会之力，组织了当时最好的古籍修复师，对它进行医治。经过 17 年的精心修补，《赵城金藏》再次起死回生。而这一次再生，像是它历经磨难后修成的正果——经过 800 年来无数民众之手，它功德圆满，成为国家图书馆的镇馆之宝。

2012 年 7 月号
"给文物疗伤"

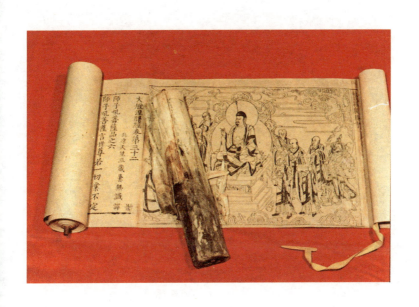

修复前后的《赵城金藏》。

这位袒胸露腹、喜笑颜开、席地而卧的胖弥勒，悠然自得地栖身在一只由明代工匠雕琢的墨斗上。线轴隐在他身后，墨仓稳定着重心，设计十分巧妙。宗教题材与墨斗的结合，寄托着美好的愿望——让一位神佛，陪伴着工匠生活的每一天。（摄影：贺志泉）

不仅仅是手工具

逢年过节时，山东博山地区的木匠艺人有供奉墨斗和锯的习俗。原因很有趣：墨斗在所有常用工具中是最安全的，不会伤及匠人之手。而锯则是最不安全的工具，稍不留神，就会被拉伤。看来墨斗是吉，锯子是凶，而无论吉凶，都可压胜辟邪。

墨斗和锯，传说都是两千多年前的鲁班发明的，比如锯子，就是鲁班在一次伐木时，被一种有锯齿的茅草拉伤了手，然后得的启示。在民间传说里，几乎所有的土木工具，都是鲁班发明的，鲁班也几乎成了神。其实不尽然。一切手工具，都是漫长岁月的积累和无数因素的集合之果。

我曾去山西襄汾丁村遗址参观，这是一个距今 10 万年的旧石器遗址。在汾河岸边，有两千多件石器被发现，它们有砍砸器、刮削器、石球、小型尖状器、厚三棱尖状器等等。其中石球可能用作流星索，用来狩猎。厚三棱尖状器可能是掘土工具。

石器的加工方法有几种：碰砧法、锤击法、摔击法、砸击法。无论哪一种，都是用一块石头作用于另一块石头。作用点的角度正确与否，决定了你是否能得到合用的石器。

我也试着、学着打制石器，用一块石头去碰、锤、摔、砸另一块石头。结果可想而知，那石块是握不牢也打不准。当下便心生感叹，那每一件石器的诞生，都经历了怎样漫长的试错与悟道的过程。

以石击石，以石削木，以石磨骨，石器时代的人，就这样慢慢丰富着手上的工具：有了石斧、石锛、石凿、石刀、石铲、石锥、石钻、石锯……生活也就这样慢慢丰富起来，可谓人创造工具，工具改变生活。可有的工具，却没那么容易创造。

《伐檀》是《诗经》中人们熟悉的篇目，为了盖房子、制作车子的辐条和车轮，魏人经常要去伐木："坎坎伐檀兮，置之河之干兮"，"坎坎伐辐兮，置之河之侧兮"，"坎坎伐轮兮，置之河之漘兮"。

伐木首先要断木、截木，即横切。在石器时代，用石斧和石锛就可以办到。如果要解木怎么办呢？聪明的古人用的是石楔：沿着原木纵向的拟裁线上，每隔一定的距离，打进一个石楔，然后原木就会顺着木纹裂开。这也叫裂板技术。不过这样操作的结果是，还需要将木料砍削平整，费时费工。这时你会说，用锯子就好了。这话说得太对了，但那时的人想得到却做不到。

锯子的发明，肯定来自于有齿如锯的动植物的启发，其最初的形态是齿刃器。有蚌壳做的，也有骨质的，而石锯的做法是，将一块宽石片的一边，均匀地敲成锯齿状。石锯能做什么呢？在河南新郑裴李岗遗址中，出土了大量八千年以前的石镰（锯），可见是用于农业收割。

那时的锯，是直接用手握着的，叫手锯；而后又发展成刀锯——在器身上直接做出锯柄；或者在器身上绑上木柄的刀形锯。

刀锯难以破解大木料。因为不够锋利，不能切入太深，所以顶多也就是断截小木料，更多的则是在蚌壳、骨质上锯出一点装饰性的纹路来。即便到了青铜时代，也是如此。因此刀锯这种形制的使用时间，竟不可思议地长，居然一直沿用到汉代以前。可见锯子的进化，曾停滞了多长时间。

有趣的是，刀锯对付不了大木，却可以对付人——截足或截头（还是横切）。这是刀锯最令人意想不到的发挥。于是早期的刀锯也是刑具，甲骨文被解释成"我"的字，就是一把刀锯的样子。而甲骨文中的"陵"字，右边为手执刀锯，左边是一个人，一只脚长一只脚短，形如用刀锯截人脚。《国语·鲁语上》有这么一句："中刑用刀锯"。韦昭注释为："割劓用刀，断截用锯。"刀锯就这样不务正业了。

真正能解木的锯子——大锯，何时才能到来呢？同济大学教授李浈在其《中国传统建筑木作工具》一书中，给出了一个条件：要有足够长的锯条；锯条要有一定的刚度和恰当的厚度。而满足这几个条件竟晚至南北朝。其先声是西汉中期冶金技术的进步：中国人发明了用熟铁锻制的"炒钢"和"百炼钢"法。中国古代许多宝刀、宝剑用的都是这种钢材。三国时期曹操有"百炼利器"五把；孙权有三把宝刀，其中之一就命名为"百炼"。

百炼钢化绕指柔。至此，钢锯条的制造已无技术障碍。于是锯子迎来了它的最后模样：框锯。迄今可见的框锯最早的形象，就在《清明上河图》的一处车辆作坊里。

框锯的出现具有划时代的意义。李浈说，因为早期解材困难，建筑构件都多用大料，难免浪费。唐代建筑以雄浑著称，其背后就是大料不易解的技术所致。而宋代建筑，就向纤秀方向发展，这是裁割小料能力以及综合加工能力提高的结果。

框锯还带来了另一个创举：材分制，也叫模数制，即相同构件或者说标准化构件的快速大量生产。用通俗的话说，就是可以预制加工零部件了。精确用材，小料大用，部件模块化，既提高功效，又节约成本。

北宋时，还出现了一种新职业——专门解木的木工，人称"锯佣""锯匠"，木匠在铺里做活儿，锯佣就在铺外解板。拉大锯的锯佣，竟也获得了与大木匠平起平坐的地位。

一种手工具，历经万年方修炼得道，也可谓神器了。所以，供奉它，也确实有理。因为，它不仅仅是个手工具。

2016 年 3 月号
"老工具造物之美"

它是美的，优质的

　　十多年前，我曾有位日本同事，颇有个性，每天挎着个由麦秸秆编的包来上班。那包在早先，大多是中国人买菜时提的。大家自然都很惊讶："哎呀，好久没看见这种包了。"个中潜台词她当然听不懂，看到她的包引起了这么大的反响，她很高兴："这是在中国买的，很特别，很好看！"我顿时心生诧异：双方的审美怎么有这么大的差异呢？那时的人，连布艺包都看不上了，何况草编的包。

　　后来我发现，她特别喜欢民艺品，诸如蓝印花布、蜡染、虎头布鞋，每每见着了，总是开心无比，两手轻轻地拍着，嘴里发出轻叹声："哎呀，这是手工的呢，太漂亮了！"似乎有中国传统特色和手工的物品，都是她所钟情与青睐的。"你们不知道，在日本，手工做的东西最贵了。手工就代表优质呢。"她这么说，可没人当真，因为那时的中国人正崇拜工业化、大机器、流水线制造，能慧眼识珠、有前瞻性的没几个。

比如，那时人们热衷的家具都是板式、组合家具，地上铺的都是地板革、瓷砖，大量日用品是塑料的——塑料多屉柜、塑料面盆、塑料杯子、塑料袋，甚至连一次性用品都被奉为先进后来，这些毫无个性、看上去廉价、只能一次性使用的工业产品，虽然被淘汰了不少，但新的、批量生产的机器制造产品，却从未间断地充斥着我们的生活。而更为可怜的是，由于我们的工业生产相对落后，一切不得不以发达国家为先导，唯国际为时尚先锋。大到汽车、电器产品，小到护肤品、化妆品、箱包，连服装的面料、款式乃至颜色，都依着巴黎时装发布会而定。

给我印象最深的是家用电器。比如电视机，从黑白、彩色到等离子到液晶；洗衣机，从手动、半自动、自动到智能，每一步，都是从引进到模仿到跟随。因为核心技术是人家的，关键零部件是人家的，甚至使用的寿命，都是被人家设定好了，用到多少年必然要坏，坏了连修都不值得修，要么是修旧比换新便宜不了多少，要么是这一代产品早就停产没有了零部件。一句话，你只能乖乖地跟着。

记得 1997 年我第一次出国，在日本走马观花了一圈后，曾很自豪地得出一个结论：日本有的，北京、上海都有。比如林立的高楼大厦，纵横宽阔的立交桥，迅捷的地铁，货物琳琅满目的超市，手机，麦当劳、肯德基快餐店，春夏流行时装发布会，等等。当时我以日本为标准，来评判中国的先进与落后。就像时至今日，还有很多人将摩天大楼视作国际都市的标志一样。

何等的肤浅与可笑。这相当于把发达国家的一切生活方式，视为人类生活的范本和标准。主动抛弃个性与别样，追求全球的相似与一致。

遗憾的是，这种谬见，曾经不是我的独家观点，而是一种社会共识并始终未得到纠正，因为眼见得现在大家越来越像，即所谓的全球化。最生动的例子就是 iPhone 4 的推广与流行：

2010 年 6 月 8 日凌晨 1 点，史蒂夫·乔布斯刚在美国 Moscone West 会展中心发布，转年 4 月底，白色 iPhone 4 即开始在中国内地发售。2011 年 10 月 5 日凌晨，iPhone 4S 发布，其推向亚洲各地区的时间顺序也随即被排定：日本、中国香港、中国内地。

不能说工业化、机器生产一无是处，人类的生活确实变得五颜六色，多姿多彩，日益便捷，只不过是被机器控制、支配的。产品在工业化、规格化、电子化下，是大量生产，大量消费，大量遗弃，大量浪费，无法再生。

机器制造不能说没有丝毫美感，但那样的美是规范的、确定的、有限的、停滞的。它不可能产生像手工那样的妙趣、圆润、生机和变化。日本民艺大师柳宗悦说："除了神之外，没有比创造者之手更令人吃惊的。自在的运动才能产生出完全不可思议的美。"

我不善于手工，但小时候也学了点女红，于是在个人生活史里，也留下了几笔手工印记：比如用钩针编织钱包、桌罩；给自己、爱人和孩子织毛衣。虽然技艺只能算差强人意，但心里的期望和想象却很美妙，脑子里会不时地描绘着不同的花样、花色：什么线形、辫形、麻花形；素色还是混搭些彩条或图案；若用粗线显得粗犷，用细线则雅致。如果手艺好的话，真是心有多远，手就有多巧。样式不喜欢或尺寸短小了，还可以拆了重织。将洗好的线用茶水或醋过一下，又新又柔软，再用手指捻接一点新线，一件新毛衣就诞生了。

在这样的手工制品里，包含着节俭、素朴、对材料的认识与感知，还有劳作时的恬静与安然，无论何时回想起来，都是温暖的。

手工制作是个体化、经验化的，经年累月、世代积累。每一种技艺，都会在实践中得以不断修正，以趋向合理、实用、得体。这一门技艺传承得有多久，其间承载的人的思想、情感、智慧、技术、风俗，就有多丰厚。它单纯、质朴、节制、稳重而平静。没有霸气，不带挑逗之欲。它与自然法则契合，与人性本色契合，因此它是美的，优质的。

2011 年 12 月号

"中国'慢'制造专辑（下）"

由我得之，由我遣之

　　我认识一对朋友，夫妻两人各有所好。妻子爱猫，于是家里的猫无论做何坏事，均能容忍，没有半句怨言。比如布艺沙发被抓得抽了丝，皮椅被挠得都是洞眼。但是，爱猫程度显然比妻子低很多的丈夫，就经常会被猫气得要"咆哮"一下。

　　丈夫呢，喜欢各种玩意儿，每次外出，总会带点当地的工艺品回来。什么陶碗、陶盘、陶人；玻璃杯、玻璃瓶、玻璃灯，把家整得像个杂货铺。零碎物件多了，不仅占地儿，收拾屋子也麻烦，所有的东西擦拭时都要小心轻放，于是妻子也时不时地要"咆哮"两声。

　　这一对朋友的故事说明一个道理：爱，没有道理，没有对错。爱了，就不论辛苦、烦劳、贫病。是无条件地付出与无条件地欢喜。这是爱的境界。

文物收藏家对所藏文物之爱，就是这样一种境界。

然而爱也是一种负担。

我想起了李清照。李清照是宋朝第一女词人，她的婚姻也堪称完满。夫君是当朝高官赵挺之的三公子赵明诚。赵明诚出身高官显宦之家，却为人谦和沉稳，喜爱诗文，精于收藏金石碑刻。夫妻两人志同道合，情趣一致。每到初一、十五，两人先去当铺典当衣物，换来些钱，再去东京汴梁有名的大相国寺逛文物市场。真正是夫唱妇随，琴瑟和鸣。

在李清照的帮助下，经过近 20 年的努力，赵明诚完成了一部记载古代历史文物的著作——《金石录》。这一巨著既是两人的玩物结晶，也是爱情结晶。

然而盛世所藏的，到了乱世，必成所累。公元 1125 年，大金攻宋，连克数城。国难当头，家园不保，文物又何以安？在《〈金石录〉后序》中，李清照说自己是："四顾茫然，盈箱溢箧，且恋恋，且怅怅，知其必不为己物矣。"

这些文物，最后真的就是一点一点地离她而去：先是留在青州老家的十几间房间的文物，被战火烧毁；而后寄托在江西亲戚家里的两万多件古籍图书，两千多卷碑刻和金石的拓本、摹本，不知所终；再后将所剩不多的宝贝进献给朝廷，又被平叛的将军私藏；年近半百终于安定下来后，还被人骗婚——为了她那所剩无几的宝贝。国破、家亡、财散、再嫁、离婚，噩梦是一个接着一个。物尽人非事事休，欲语泪先流。这次第，确实是一个愁字怎能了得。

李清照的故事，令人唏嘘、感慨。积夫妻一生爱之所藏，却无处可托，无人堪寄，眼睁睁地看着它们一一消逝。

如何托付终身，这是收藏家们最终都要面对的难题。

凡事爱之愈切，便愈放不下。但是放不下又能如何呢？传给子孙，也许会被败家子变卖散尽；带入坟墓，很可能就被挖坟盗宝。埋入地下，难免会被掘藏。世事难料，如何善后方可心安？

清末状元张謇是举世闻名的实业家、教育家，也是收藏大家，他选择的方式是成立博物馆，"与众共守"。1905年，他创办了中国第一个公共博物馆南通博物苑，又亲自撰写征集文物启事，希望"收藏故家，出其所珍"，以便"留存往迹，启发后来"。他谆谆告诫儿子："个人收藏难久远。"

张謇可谓参透了文物的宿命与价值。文物最为诱人的，不是身价几何，而是其中所富含的历史、艺术、科技信息。那是制造文物的人的精神结晶，是中国文化的积淀所在，是文明进程的一步。因此，在世人眼里，文物有价，而在收藏大家眼里，文物无价——因为它们的不可再生，因为文化无价。因此，所谓收藏文物，其实都是收藏历史，收藏文化。所谓收藏家，都是热爱、痴迷于文化的人。心中只有怀有这样的爱，他们才会为其乐，为其喜，为其苦，为其悲，乃至为其死。

这样的爱，很难随便交待。

不能不提文物学家、文物收藏家王世襄先生，一个边玩物边研物，然后成为大家的人。他多年来坚守自珍、孜孜以求的是什么呢？他说，"不在据有事物，而在观察赏析，有所发现，有所会心，使上升成为知识，有助文化研究与发展。自己有了心得后，出书结集，然后便完成任务，可以将所藏交付出去，以供更多人欣赏。"

王世襄所藏有一大项，即明式家具。几十年来，他把几乎被当作废品的明清家具，一一捡拾、购买回家，修补、研究，使它们重获生命，成为明清家具的标准器。而后他的填补中国明式家具研究空白的《明式家具珍赏》《明式家具研究》出版后，他就把它们交出去了——1993年，79件与王世襄夫妇相濡以沫的珍贵家具，安然坐进上海博物馆的明清家具展馆内，令他的旧交故友看见，既亲切又欣慰。

王世襄是怎样解脱爱的负担的呢？他说："由我得之，由我遣之。"确实，若能让同好所得、所赏，应是文物理想的归宿。

2011年4月号
"故宫文物谁在捐献"

从明天起，做一个有手艺的人

编辑小杨从陶都宜兴丁蜀镇回来，就放言说要到那儿做上门女婿。大家听了一片哄笑。此话当然是戏言，但也有几分真实。他是身不能去，心向往之。

在丁蜀镇，给紫砂工艺师做女婿的确实挺多，当然做儿媳的也不少。上不上门只是个形式，关键是有了这个名分，再有兴趣跟着学门做壶的手艺，就等于捧了个金饭碗了。不信只要看看这些人家的住房就明了，几乎都是别墅、小洋楼，区别仅在于规模和院子的大小。面积大的，在院子里能搭个凉棚，辟个盆景园，还能停辆轿车。因一门手艺而富的情形能到如此程度，着实令人吃惊、羡慕。这让我想起中国其他非物质文化遗产，有多少面临的是濒危的窘境。比如我们同

　　　　　　　　　　　　青史有意

期刊登的斑铜，与紫砂壶相比，二者的现状就像凤凰与草鸡。然而就手工艺而言，它们其实并无高低之分。

在丁蜀镇我曾走访了许多紫砂工艺师，走多了就发现一个秘密：紫砂从业者之间几乎都沾亲带故，互相之间有着千丝万缕的联系：比如父子关系、夫妻关系、兄弟关系、兄妹关系、甥舅关系、叔侄关系、爷孙关系，等等等等，几乎中国所具有的各种亲戚关系，这里都有，即便没有血缘、亲缘联系，也还有个师徒关系、朋友关系。

那天早上，我走进街边一家小店吃早点，闲聊时得知，老板是宜兴青瓷厂一位退休职工。好不容易遇到个和紫砂没关系的了，我心想。可后来我们聊到已故紫砂大师王寅春，他忽然兴致高了起来，说："王寅春的儿子是我舅舅。"

丁蜀镇人口约 20 万，据说紫砂从业者有两万人。如果其中大部分都属于这张盘根错节的关系网，会怎样？我的脑海里出现了一张像大树一样的家谱，枝枝叉叉，不断旁扩、衍生，无穷无尽。其实，这正是家族式的传承法所带来的效应。家族式传承法的特点就是，父传子或师傅传徒弟，强调师承。中国有"一日为师，终身为父"之说，师徒亦如父子，在这种情形下，师傅藏艺的概率很小。因此除却战争和政治因素的干扰，家族式传承法可以使手工技艺像生命一样代代相传。这是紫砂业至今繁盛的原因之一。

师承有多重要呢？紫砂工艺大师徐汉棠曾谈起他授徒的详情：头三个月是制作工具，后三个月是打泥条、打泥片。打成的泥片要求一次几百张叠在一起，大小、厚薄一模一样。这有点像学书法，一开始只写一个字"永"。这就叫严师出高徒。只有如此，传统技艺才不会消失、走样。也许正是因为看到了师承的重要性，在宜兴举办的"紫砂陶全手工技艺大赛"中，一个重要的考量是，评判选手对传统手工艺技能的"传承"，没有师承，就失去参赛资格。这无疑是对传统技艺的一种有效保护。

在北京时我认识了一位做紫砂的小朋友徐光，巧的是，他恰是汉棠先生的孙子。徐光在大学学的是信息工程，毕业后，老师语重心长地劝他回去接班，说做紫砂传人比当一个普通工程师更有意义。于是他放弃了专业，又专门来京进修美术。在丁蜀镇，这样的年轻人很多。我想起了海子的诗："从明天起，做一个幸福的人，喂马、劈柴，周游世界。"呵呵，从明天起，做一个有手艺的人，既幸福也有意义啊。

2009 年 5 月号
"好一把紫砂壶"

闻

见

明朝这个太监

　　沿着石景山金顶街往北，穿过人流熙攘的模式口大街，再拐向北边的山间小路，半山腰上的法海寺，就是我此行的终点，也是李童的人生归宿地——明正统四年（1439年），50岁的李童发愿建造了它，15年后又埋葬于此。

　　法海寺已经很不像一座寺庙了，早在民国初年香火就已稀少，大殿一座接着一座坍塌，570年前的京西名刹，最后仅剩下一座大雄宝殿还是明时旧物，像是对李童当年精心营建它的一个交待。

　　顶着炎炎烈日远道而来，当然不是为了已经落寞的法海寺，而是为了寺里的壁画，它就画在大雄宝殿的四壁上。1937年，英国《伦敦新闻画报》的摄影记者、壁画专家安吉拉·莱瑟姆发现并报道了它，称之为"世界上最伟大的绘画作品之一""具有'文艺复兴'的特质"。从此，法海寺深藏不露的壁画，才被中国所知，有了与敦煌、永乐宫壁画比肩的美誉。

虽然我已在画册上赏识过它的美丽，但依然渴望一睹其真容。

大殿紧闭，门窗关严，还要拉上一层布帘遮挡。为了不让阳光灼晒，灰尘侵袭，壁画被隔绝在黑暗之中。所有的来访者，都只能借着手电的光源瞻仰它。这是参观法海寺壁画的独特"待遇"。

四壁的绘画，都与佛教有关。这是寺观壁画的"命题作文"。但令人动容的是，相同的题材，在这里却有不凡的表现。总体说来，它庄严肃穆，但不压抑；绰约多姿，却又温文尔雅。它呈现出了一种崇高、纯净、高雅、尊贵、宁静、和谐的风貌。

殿外丽日高照，殿内澄澈清明。我仿如受了洗。这也许就是画者所追求的效果。我突然很想知道李童是何许人物，为何他创建的寺庙及其内的壁画会有如此的气度？

在法海寺复建的伽蓝殿里，展有几尊石碑和经幢，令人吃惊的是,《敕赐法海禅寺碑记》和《法海禅寺记》,是寺庙建成时,由礼部尚书胡濙和吏部尚书王直奉帝命撰写的。而《御用监太监朴庵李君碑》,则是李童病逝时,胡濙的二度之作。碑文让李童的一生大致得以还原。

李童出生于洪武二十二年(1389年),江西庐陵人,原为朱元璋第十七子宁王朱权的内侍。朱权封为南昌王后,为了表示忠诚,将身边几个长得清秀的内侍献给明成祖朱棣。李童便是其中之一,那一年他15岁。

进了宫,李童夙夜小心恭谨,周旋于殿陛之间,从无差错。朱棣出塞北巡,李童就披戴甲胄,朝夕环卫,深得朱棣恩宠。朱棣驾崩于北征途中,他又秘密将其遗体护送回京。此后,皇帝常换,而李童恒在,相继侍奉了仁宗、宣宗、英宗、代宗,并在宣宗时,升授为御用监太监;在代宗时,得到明王朝的最高赏赐——蟒袍玉带。

在胡濙笔下的这样一位"周旋殿陛,仪度从容。小心慎密,竭力摅忠。护驾出入,环卫圣躬。历事五朝,职业愈崇"的太监,要想建一座寺庙时,遂得到各方的捐助:在多达一千余人的助缘名录里,权贵、高僧、名宦,无不在其列。而寺庙建成时,英宗还钦赐匾额。因此法海寺看似个人所为,实际已有官方色彩。

这里还可以做个比较：其时，英宗宠臣、有遮天之势的大太监王振，也在北京兴建家庙智化寺，寺名也为英宗敕赐，但是其气度与风格却大不相同。用专业人士的话说，智化寺带有浓重的世俗社会气息。而最大的区别是，智化寺是一座汉地寺庙，而法海寺却是显密结合、汉藏交融。请看大雄宝殿的殿顶——那一朵朵曼陀罗花，正盛开在如穹窿的天花板上。而在《帝释梵天护法礼佛图》这一巨制壁画中，汉人武将装束的北方多闻天王，手中托起的却是一座喇嘛塔。

李童为什么要建一座具有显密特色的寺庙？这大概与明朝的西藏政策有关。明初，最大的外敌是蒙古，为了不腹背受敌，明廷对西藏采用了安抚政策——"多封众建"，即对西藏的各主要教派和地方势力首领，均给予分封，使他们安心于各自的势力范围，再通过世袭和进贡等方式，保持与中央的政治隶属关系。于是明早中期，汉藏往来频繁，京城处处有法会。

永乐十二年（1414 年），明成祖二度遣使迎请格鲁派创始人宗喀巴进京，宗喀巴派弟子释迦也失作了代表，受到了极高礼遇。20 年后的明宣德九年（1434 年），释迦也失又被册封为"至善大慈法王"。而就是这位法王和其弟子,在法海寺助缘的藏僧中,名列一二。

李童侍奉明成祖 20 余年,侍奉明宣宗 10 余年,即便他不信仰密宗,以他的心性,也会顾及皇帝倾向和时代气氛,其兴建的寺庙,又怎能不带有大时代的气息和气度呢? 历史学家宿白有一句点睛之语,宿白先生说:"法海寺这个庙不是一般的寺院。"我想说,李童也不是一般的太监。

2012 年 9 月号
"画在墙上的历史"

这个寂寞有名的蔚县

河北的蔚县是个寂寞无名的小县。因为提起它的名字，十有八九的人不知道，十有八九的人会将蔚（音 yù）错读为 wèi。但是它却是我长久以来的念想。因为六七年前一位摄影师对我说："去蔚县吧，那里有太多的好东西，辽元明清的古建筑，遍地都是。"

此话没有丝毫夸张。去年十月，当我终于将念想变为行动时，有了肯定的答案。蔚县至今仍留存着 1613 处文物点，相当于每两平方公里就有一处，为全国文保大县。有如此丰厚的历史遗存之地，怎能无名。

蔚县本是一片富庶、祥和之地：孕育在太行山、恒山、熊耳山南北夹抱着的盆地里，其间水源丰沛，宜农宜牧；山中隘口，通达四方。然而，福兮祸所倚。看一眼蔚县地形图，就会明了它不可逃脱的宿命：东临北京，西邻山西，北有宣化、张家口，南是涞源、易县。这是一个游牧与农耕文明的冲突地带，居此中意味着居于一个四争、四战之地。

战火确实毫无悬念地频频降临其上。

史载的烽火从古代国开始燃起。

6世纪后半叶的东魏之前，蔚县这块土地依次被古代国、代国和代郡交替称谓。称谓之变，说明其归属之变。而归属的更改，多是战争的结果。

春秋时期的古代国，俨然如世外桃源：农桑有序，仓廪充实，老幼有养。以至于南北方向的人都不敢轻易对它动武。但是不敢并不意味着不想。晋国六大卿族之一的赵氏，就时不时地要登上邻近的山头窥探一下代地。如果能拥有代地，赵氏就可以扩大实力，兵强马壮——这是赵觎觎代的用意。而这一垂涎就是20余年。

古代国的灭亡，是由赵安排的：赵先和代国联姻，然后伺时机成熟，赵王赵襄子请姐夫代王吃饭。酒酣耳热时，暗号发出，厨师手握大铜勺，向代王当头一击，这真是一个让人惊诧和沮丧的结局。古代国笑话般从此烟消云散，而赵国做大，代地成了赵的封国，其北界远达今日河北与内蒙古的交界。此后赵军以代地为征战的起点，西破林胡、楼烦，南克中山国，并将长城自代修到阴山下。

古代国的城址，在蔚县县城东北 10 公里处的代王城镇，但是古代国已无处凭吊，其城址上，已被层累的历史叠压，分别有汉时的代王城、明朝的村堡、民国的民宅。

在一处建在高高的黄土台上、后来得知叫作东城堡的村子，我曾向一位在院子里闲坐的老人打听代王城址，老人想了想回答说："那个姓代的人家啊，早就搬走了。"

呵呵。是的，早就搬走了。老人的话像是历史的回声。

不过，我还是触摸到了代王城。当然不是古代国的，而是西汉所建。它就屹立在东城堡的北边不远，两段夯土城墙，分列东西，上面嵌满了各种纹样的陶片。春秋时的古代国汉时的墙啊。历史仿佛在瞬间变为现实。

汉之代国，为刘邦的弟弟刘喜所建。然而刘喜这个代王仅当了一年，就弃国而去了，因为匈奴来犯。气得刘邦咬牙跺脚地废了他的王位。

四战之地，怕战、厌战、罢战的人总有。

我想起一个传说：宋辽对峙时，辽国太子领兵参战。战斗何其惨烈，将士们的鲜血染红了蔚州的母亲河壶流河。太子决定罢战，父王愤怒：如果你不开战，就废黜你的王位。太子淡然一笑，转身离去，走进一座离城西北20里、立于高丘之上的寺庙——重泰寺。

重泰寺确为辽代所建，明后重修。寺里还有一幅辽太子壁画。因寺庙高踞，故而走近山脚，也难以寻见。只有寻着一条石径，沿山而上，才望得见千年古刹。

重泰寺是蔚县现存时代最早、规模最大、主体建筑保存最为完整的寺庙，但在我眼里，它最独特之处是——自在：立于荒野，无凡俗叨扰，自在；千年古刹，随它新来随它旧，自在；客从远方来，进出随意，自在。寺院里有一处三教楼，端坐其间的是释迦牟尼、孔子、老子。连信仰都可合居，更是自在。

重泰寺现住持，是一位年轻的僧侣。他的徒弟，却是一位道士。僧可为道师？我很紧张。住持却怡然自得，还给我一句很酷的偈语：修的都是善，不在于路径。就像条条大路通罗马。

这是真的自在了。自在便是好。

我突然发现又一个宿命：这位僧侣，像是为重泰寺而生；

重泰寺又像是为辽太子而生；辽太子则是为蔚县而生；而蔚县呢？像是为终将统一的中国而生。于是当历史走完三千年，蔚县这个饱经战火洗礼的四战之地，终于卸下重任，拖着它那写满历史的身躯，安然地处在人们的视线之外。

2012 年 5 月号

"铁城蔚县：中国的堡垒"

小城巩义的荣光

"露从今夜白，月是故乡明。"写这首诗的杜甫的故乡是巩县——不过20世纪80年代它被改称巩义。

我一直以为杜甫是河南洛阳人，却未曾注意到他其实是洛阳下辖的巩县人。这实在是一种疏忽。不过世人对巩义的疏忽，似乎时有发生，比如赫赫有名的唐三彩，就被冠以"洛阳唐三彩"，而其实，生产唐三彩的窑址在巩义的青龙山下黄冶河两岸，据说，千余年前，那里的瓷窑绵延成片，浩浩荡荡，有十里之广。

我对巩义产生了莫大的兴趣。巩义还有多少荣光不为人所知呢？其实对于有着千年历史的古县，我都饶有兴趣。我认为中国的历史，要去古县里寻觅。而巩义的历史有两千年之久，其积淀该有多厚？

　　巩义的荣光，与它所处的地理位置密不可分。身处于洛阳盆地之中，这里南有中岳嵩山横亘，北有黄河横贯。一条可连接淮河的洛河，从境内蜿蜒流过，又在巩义汇入黄河。黄河是中华民族的发祥地，黄河与洛河浇灌出的文明，是华夏文明的核心。于是河洛文化，便在这块土地上璀璨绽放，并传播四海。最耀眼的证据就是，在这里，传说中的五帝的痕迹历历可寻，而夏商周的遗址，层累叠压。所以司马迁说，"昔三代之居，皆在河洛之间"。

　　翻阅中州古籍出版社出版的皇皇巨著《史话巩义》，可以明了巩义浩如烟海的历史，更可以发现巩义。

　　巩义最早有国，是在夏朝。夏王将他的子弟夏伯封于巩这块地方，是为夏伯国。商灭夏后，将国都建于亳——今日巩义的西邻偃师境内。而巩义呢，作为京畿之地，商王也封了一个国，名曰：阙巩。这是此地以"巩"为名的肇始。

　　为何要以"巩"为名？东汉许慎的《说文解字》释义说，鞏（巩），以韦束也。韦是治熟了的黄牛皮，用熟黄牛皮捆绑东西，牢固、不易解脱。看样子阙巩盛产黄牛，才有此名，而且用牛皮制作的铠甲蜚声四方。周武王伐商纣时，周兵就是身披"阙巩之甲"，在纣军的弓箭前毫无惧色、所向披靡。《左传》言："阙巩之甲，武所以克商也。"原来，在由周代商的朝代更替中，巩义还是不可或缺的重要因素。

周建国后，大肆分封子弟在各地建立诸侯国，在巩地先后封有巩伯国、荣氏、滑国、东周国等国——都是姬姓小国。小国势弱，常被周边大国欺负，最冤的是滑国，不得已依附于郑国，却平白无故地遭到灭国之灾。这个故事就是大家耳熟能详的成语"弦高退师"，或曰"弦高犒师"。

那是公元前 628 年，秦穆公趁郑文公刚死想一举灭郑，大军渡过洛河进入滑国；郑国商人弦高正好路过滑国欲往洛阳做买卖。得知秦军动向，弦高立即派人回国报信，自己则赶着牛，带着四张熟牛皮，假称郑国特使犒赏秦军去了。秦军一看郑国已有准备，若再强攻必然失败，只好放弃计划。但劳师远征，一无所获，秦军很生气，竟就灭了滑国。于是郑国一介商人弦高留芳千古，而滑国却从此消失。可谓因为一人而"倾城倾国"。

历史上的巩义，身居京畿之地，似乎只能甘当配角。比如北魏定都洛阳，便在京郊巩县修造皇家石窟，好为皇室造福；北宋定都汴梁，宋太祖赵匡胤想迁都洛阳，于是先把祖陵安在巩县，好做迁都的桥梁。在历史的天平上，巩义似乎不可缺少，但比起都城，总又轻了三分。

不过国小，位微，人言却不轻，相反，还时有惊雷震天。在历史上发出最强音的是苏秦。战国时期，苏秦提出合纵抗秦，帮助六国对抗强秦，当然如果他成功了，中国统一的步伐就不知要滞后多少年。而苏秦，即东周国人，其故里与墓地，均在巩义鲁庄镇的苏家庄。

对改变中国历史进程起重要作用的还有一人——桑弘羊。桑弘羊可谓汉武帝的理财家，掌管中央财政近40年之久，他提出将重要资源收归国有，实行盐铁专卖；创立了平抑物价，调剂有无的平准法，可谓世界上最早的国家宏观调控政策。看汉武帝有多强，就知道桑弘羊的贡献有多大。而桑弘羊也是鲁庄镇人，家在桑家沟。

不过，无论是苏秦还是桑弘羊，在众多辞书介绍中，他们均属"洛阳人"。这或许会让巩义感到些许的愤懑，但转念一想，其实也并无不妥。自从秦始皇设县起直至1949年前，巩义均属于洛阳所辖，地理位置与文化传承的关系，使巩义与洛阳血脉相连。不过遗憾的是，它最终却被划归郑州。巩义的一位学者说，这是"去文化的洛阳，就政治的郑州"。这一思路，与时下追求经济效益的价值观倒是匹配。只不过，如此一来，日久天长，巩县的种种荣光，大概都会被洛阳占了去。巩义或许将真的被人疏忽了。

2013 年 6 月号
"巩义的皇室遗梦"

作为胡同名，"百花深处"显得特别雅致，传说曾是一个四季皆有鲜花可赏的所在；清朝时，曾称"花局胡同"。如今，人们已很难在这里寻得昔日风光。

胡同名儿里的北京

　　我初到北京时，出门乘车常有一种畏惧感，一来因为报站名的售票员那一口的京味儿，使站名听起来都似是而非，结果不是下错车，就是坐过站。二来，北京的地名五花八门，按名寻路，绝对叫人崩溃。一次我从北边去往南城的天桥剧场，一路经过的地名让人啼笑皆非：菜市口、骡马市、虎房（坊）桥、鲜鱼口，仿如要去的是牲口和菜市场。这还不是孤例，老舍的小说《四世同堂》里，祁家那一大家子也是住在"动物世界"里——小羊圈胡同。我很诧异：堂堂的一个首都，为何却会有如此俗气的地名？

　　时光荏苒，北京的胡同如今渐拆日少，我却和老北京人一样，开始怀念起那些消失的胡同。开车经过明清时期的内城时，总会留心街边、胡同口的地名，一边依旧诧异于它们的奇特，一边感叹它们的名存实亡。

历史地理学家侯仁之先生编有一部《北京历史地图集》，其上不仅清晰地记录了北京城的变迁，也留下了北京胡同那密如蛛网的身影。

按照公认的说法，北京的胡同始于元大都的建设，而后历经明清，由少渐多，由疏入密，由内城向外城弥漫。

元时的居民住宅，以坊划定，有坊名却没有胡同名，或者说没在文献上留下胡同的名字。胡同名有记录在案并出版成书时，已晚至明嘉靖三十九年（1560年），那是一个叫张爵的锦衣卫官员的功劳。他因时常在大街小巷巡视，抓捕盗贼，故而对街巷极为熟悉，退休时，便编撰了这本小书，考订出街巷1170条，其中胡同459条。此后就有人前仆后继了，将北京胡同名搜录在案。

随意搜寻明清时胡同的名字，经常会被逗乐。比如有猪尾（yǐ）巴胡同、狗尾巴胡同，还有猴尾巴胡同、羊尾巴胡同。有大脚胡同，也有小脚胡同。有裤子胡同、裤腿胡同，还有裤脚胡同甚至裤裆胡同。联想起被人讽为大裤衩的央视新楼，相形之下，可谓小巫见大巫了。

这些地名是怎么起的呢？有一些规律。因为是自发形成、约定俗成、口口相传的地名，所以要通俗、好记、上口，那么有标志物作用或形象的人、事、物，皆可成地名。比如城门、庙宇，官府、仓库，王府、兵营，市场、作坊，水井、桥梁，地形、地貌，等等，都可以成为名字的来源。于是其结果就是，既有石大人胡同，也有张秃子胡同；既有圆恩寺胡同，也有油炸鬼胡同；既有按院胡同，也有打劫巷胡同……至于涉及老百姓生活内容的，吃穿用度、五行八作，更是随口拈来。什么干面胡同、烂面胡同、细米胡同、黄米胡同、炒米胡同，这是主食；茄子胡同、豆芽菜胡同、豆角胡同、粉房胡同、羊肉胡同、干鱼胡同，这是副食。想喝酒有烧酒胡同，想喝茶有茶叶胡同，想吃水果有果子胡同。而用呢，也是想象不出的丰富：柴火、风箱、煤渣、铁炉、烟筒、玻璃、灯笼、麻绳、筛子……数不胜数。一个上至皇宫王府权贵，下至担水拉车的普通人的北京，生龙活虎、热气腾腾、有滋有味地扑将过来。可谓老北京有什么，就有什么胡同名。北京人真是老实啊，不管好歹，照称无误。于是无论你是否是北京人，看见这些地名，一个千年古都就宛若在眼前。

遗憾的是，历史总是不那么完美，人们总爱拆旧建新，抹旧立新，而且手法决绝：不仅要拆胡同，还要改名字，彻底"毁尸灭迹"。上述胡同，如今几乎是名不存实也亡。再想找寻老北京时，只有翻阅历史地图。

老北京不只是柴米油盐的平民城市，还是一个泱泱大国之都。这一点在地名上也清晰呈现。比如明时内城宣武门边的"象房街"。象房街顾名思义与大象有关。大象为吉祥物，有万象更新之意，因此古时多为东南亚国家进贡时的首选贡品。明弘治八年（1495年），朝廷特设象房和演象所，驯养大象。每当奉天殿举行盛典，象群就被牵进皇宫表演，驾车的、驮宝的，好不喜人。平时大臣上朝，大象则站立排列于午门前御道左右，夹道欢迎。清朝沿袭旧制，更名为"驯象所"，街则曰"象来街"，更形象生动。此前看过一些相关绘画，常以为那是一种虚假的歌舞升平之作，看到象来街才知确有其事。可见万邦来朝不是虚言。可惜清后期时，国力不济，驯象经费被层层克扣，大象境遇不断恶化，逐渐病饿而死，驯象所遂消失了，仅留下象来街立此存照。再后来，象来街也没了，被改为长椿街，与进贡大象没有丝毫干系。这段历史也就淹没无声了。

有很多人对文化保护持不以为然之色，他们很难理解文化之于人的重要，当然更不用说地名文化遗产了。甚憾。

2014 年 1 月号
"胡同生与死"

粉墙黛瓦马头墙，这是徽派民居最经典的一幕。黑点附着于大片的留白之上，仿如宣纸上的一点墨色，水墨之意油然而生。（摄影：谢琳）

徽州的光阴

去徽州最好的时节，应该在油菜花开的春季，粉墙黛瓦、烟雨空濛里，是成片成片盛开的油菜花，那跃动的金黄，令黑白空灵的世界，有了阳光般的温暖。

我去徽州，却是在白雪初飞的冬季。那一日，小雨夹着雪花，浥湿了抬眼望见的墙，低头走过的路。西递村阴郁的老房子，不闻人声。矗立在村口的牌坊，更是满身寂寥。徽州清寂无比。

徽州的春与冬，俨然两个世界，冷暖相错。这很像徽州留给人的印象，喜爱徽州的人，痴迷着她的山水相依，淳朴宁静，是一首田园牧歌。排斥徽州的人，痛恨她的封闭、阴暗与冷郁。这让我想起明代剧作家汤显祖的诗："一生痴绝处，无梦到徽州。"

很多徽州人，把这句诗当作诗人对徽州断肠般的痴情，四处张挂。可是倘若读了这首诗的前一句便会发现，原来意思却是相反："欲识金银气，多从黄白游"——要想知道什么是铜臭味，那就多去黄山和白岳（齐云山）之间的徽州吧。

汤显祖对徽州究竟是痴迷还是鄙视？人们各随所愿而想。不过，诗人最终是一生从未去徽州。真的是连做梦也不梦见徽州了。

写下《牡丹亭》这样浪漫之作的汤显祖，似乎是看不惯徽州的商业味。汤显祖生活在明中叶，那正是徽商崛起、如日中天之时——只见他呼啦啦起高楼，只见他叮铃铃车马喧。文人的自恃清高与历来对商人的歧视，大概都让汤大师有理由不待见徽州。

"从商，我是情愿的么？"徽州人大概会很是委屈。谁都知道，在中国传统社会里，商人的地位最低。除却迫不得已，谁愿意从商？历史上的徽州，不是一处世外桃源。

方圆1万多平方公里的古徽州，被重重山岭包围，又地狭人稠。有一个数据可以说明徽州的困厄：南宋时徽州人均耕地15亩，元代降至4亩，明万历时为2.2亩，清康熙时只有1.5

亩。在农业社会，没有地，就得挨饿，于是徽州人即使在丰年也要向周边买粮，以度过青黄不接的时日。康熙时的《休宁县志》有这样的描述：运送粮食的小船，"鱼贯尾衔，昼夜不息。一日米船不至，民有饥色，三日不至有饿莩，五日不至有昼夺。"

《圣经》说：当上帝关了这扇门，一定会为你打开另一扇窗。徽州低山丘陵里丰富的林木，便是为徽州人打开的那扇窗。

上海复旦大学的王振忠教授，徽学著作颇丰。在他的文章里，我读到这样的信息："南宋时期，徽州的一些地方有着这样的习俗——女孩一生下来，家里就开始植杉，待到女儿长大成人，便将杉木砍倒卖掉，以供婚嫁之开销。这些杉木，除了部分供给本地消费之外，其他的则大批输至外地销售。其中，主要就是通过新安江运往下游的长江三角洲等地。此类以木材为中心的交易，可能是形成徽州原始积累的最初资金来源之一。"

木材销售是徽商的第一桶金。到明代中叶，盐业、典当、茶叶、木业，纷纷崛起，于是恰恰是在明清，这个人均占有耕地最少的时期，贫穷的徽州走向鼎盛。如何算是鼎盛？许承尧编纂的《歙县志》中有数据：清时，在两淮八大盐务总商中，歙县人总是占有半席，各姓轮番上位。如江村之江，潭渡之黄，岑山之程，雄村之曹，棠樾之鲍，蓝田之叶……

徽商富甲天下，不少人开始斗富。《扬州画舫录》里对此有生动的描写：有好马的，养马数百匹，每只马日费数十金；有好兰的，从大门口到内室，遍置兰花；还有人想一次花掉万金，就买了金箔，拉到金山塔上，随风一扬，万金顷刻而散……

当然，徽商不都是奢靡无度，相反，由于徽州早年时有粮荒之忧，以至于养成极其节俭的风气，及至富了也不改本色。在许骥的《徽州传统村落社会——许村》一书里，徽人之俭让人唏嘘：家有良田广宅的许子华，每日用于早餐的豆豉，装在一个竹筒内，竹筒盖上开一个小洞，每次只能倒出一粒，以此来控制自己消费豆豉的数量。从许村外出经商，走到芜湖，要步行一个星期，有人一个咸鸭蛋佐餐，可以从许村一直吃到芜湖……

奢侈与吝啬，都败坏了徽商的形象，这让汤显祖们爱得起来吗？最能彰显名声、光宗耀祖的，就是起高楼，扩祠宇，置义田，树牌坊了，这才有今日徽州大量令人艳羡的建筑遗存。

但是即便如此，仍有人不爱。因为徽州民居建筑风格的封闭和内敛性，带来了阴森和压抑感。徽州人赵焰在《思想徽州》里就这么评说，徽州很多地方整体结构从容清秀，但在骨子里，却有浓重的戒备和敌意。

理学之乡，因商而富。生存环境带来的特质，让徽州无法规避。古徽州的光阴，就这样被凝固在老建筑里了，你说爱还是不爱？

2015 年 5 月号

"徽州专辑：有梦是徽州"

一面池塘，伴村如镜，池光潋滟，村妇浣衣，这本就是江南古村最美好的意象。在蒲塘村，沿塘而建村门、民居、祠堂，处处展现以塘为精神核心的理念。与此同时，横向绵延的建筑，带给人平直的视觉观感，稳重而安宁。（摄影：李辉煌）

谁的古村谁的家？

去江西抚州市金溪县采访的编辑回来后，带回两个"没想到"：没想到金溪县藏着那么多独具特色、格局完整的古村落；没想到一些古村落那么凋零、破败，如日暮挽歌。

金溪是何地？中国"心学"大师陆象山的故里。陆象山何人？乃与朱熹比肩的理学大儒。陆氏一门曾在此十世同居，为中国贡献了6位宰相，3位儒师。

金溪还是王安石外祖母的家，王安石后来又娶了金溪女，安石先生算是半个金溪人。有着"东方莎士比亚"之称的汤显祖，对金溪也情深意笃，他有不少金溪好友，后来又将女儿嫁入金溪名门胡桂芳家。

陆象山、王安石、汤显祖已是名耀九州，而我们所不知的自宋至明清的状元、进士、尚书、侍郎……比比皆是。群星闪耀下，铸就的是金溪古村落的辉煌，而这辉煌的历史，凝固在放眼可见的进士第、大夫第、文林第里。

然而遗憾的是，辉煌正被雨打风吹去：有的村子，人去屋倒几成空村；有的村子，一座座院落森然整齐，却寂寥无人。很快，随着建筑的坍塌，那些镌刻在建筑上的历史，也会化作粉尘如烟消云散。

"田园将芜胡不归？"陶渊明《归去来兮辞》的这一句，仿佛是为今天而作。因缘巧合，几天后，我就应邀前往乌镇参加首届中国古村大会。我想，这个会也许可以解疑答惑。

中国古村大会是一个非政府组织的大会，其主题为"保护与活化"——保护的同时赋予凋敝的乡村以活力与生机。

强调保护，正是基于如金溪古村落这样的现状：因各种原因，古村落正在逐渐破败与消失。北京大学旅游规划与研究中心主任吴必虎提供了一个数据：在过去的十几年时间里，每天有大约300多个村落在消失。而综合报刊数据得知：自2000年至今，中国的自然村由363万个逐渐锐减到260万个。15年里，103万个村子没了。若放任不管，照此速度，30年后，繁衍了几千年的传统村落，就都没了？！

民间有识之士齐聚乌镇，共襄古村，可喜可贺。孰料我却也收获了两个"没想到"：没想到关心、关注古村落的人如此之多——原定500人的大会，竟到了七八百人；没想到各方人士对古村的现状与解决途径，意见纷呈，竟难有共识。以至于散会后信心满满者有之，忧心忡忡者也有之。

"保护与活化"似乎是拯救金溪、拯救中国古村的一剂良药，为何还会有分歧？症结看似在于没有界定保护与活化的原则、标准、尺度、底线。怎样的"保护与活化"才是合理、正确、符合传统村落发展规律的呢？遗产保护工作者、建筑设计师、旅游规划者、民宿客栈从业人士，各有认知与说法。而中国政府又尚未出台相关的保护古村的政策、法律、法规，进入乡村似乎没有门槛，于是"保护与活化"之手法，五花八门，从地方政府到企业、个人，都在摸着石头过河。对与错就在一念间。

错的已经很多，最常见的就是拆旧建新。将富有乡村田园风貌的老建筑拆去，代之以整齐划一如兵营的新建筑，还美其名曰：新农村建设，或美丽乡村。

住建部村镇建设司新近公布了一批田园建筑优秀作品入选名单，看到其中一个案例我很吃惊。在福建平和县一个土楼村落里，塞进了一座风格强烈的现代建筑"桥上书屋"。推荐语是这样阐释其设计理念的："桥上书屋表达了一种点状介入的概念。它针对这种封闭体系与现代生活方式的矛盾，采取了犀利的'针刺疗法'……以精确和现代感，为充满自发性和手工性质的原生空间，注入强心剂，使整个系统产生新的活力。"这几句话，猛然间就勾起了我对在中国大地上砰然矗立起的蛋型、裤衩型、秋裤型建筑的记忆。这个活力，是设计师的梦呓吧？

当然，也有令人欣慰的案例。在会场，河南新县县长吕旅介绍了大别山贫困山区西河村的变化。

西河村依山沿河而建，景观优美。老房子青砖黑瓦曲檐，虽不及江南民居精致，却也古朴自然。西河村保护发展规划，由清华大学建筑系副教授罗德胤主持，除了改善基础设施，他们只做了几件事：修复古民居、石板路，整饬沿街立面，清理河道，恢复灌溉明渠，制定环境保护措施。而后引入一家咖啡馆，建了帐篷酒店，将粮库改成粮油博物馆。咖啡馆来了后，原先烂在山里的野生猕猴桃、板栗、银杏，就成了游客的休闲养生食品和村民的收入来源。一个古老乡村，嫁接进了现代的生活和消费方式，原先木讷的村民笑了，乡村有了新产业，自然也就有了活力。

何为"保护与活化"？我想应该先问一个问题：这是谁的古村谁的家？古村不仅需要外来输血，更需要内部造血机制。只有让村民笑了，古村才能活。

2015 年 12 月号
"千年古县金溪"

如果你有一片园子

如果你有一片园子，你会把它建成什么样子？

我的一位朋友把园子开发成了菜园，一块一块、一垄一垄的，这边种上黄瓜，那边种上西红柿，豆角、茄子、韭菜、鸡毛菜，几乎饭桌上的基础菜品都有了。新鲜、有机的蔬菜，自己吃不完，还到处送人。美不胜收。

我的另一位朋友只在园子的一角开了几畦地，种点时新的蔬菜，其余的植树、种草、栽花。树，高低错落；花，五颜六色。临湖处甚至搭了座平台，又挖了一道沟渠——先将水从湖里引上高处，再一路跌落而下，营造出一种溪流淙淙的效果。

园林造成什么样，是人内心的一种渴望的外化，是造园人精神世界的再现，两位朋友两种精神诉求，正是一沙一世界，一园一情怀。

当然，他们的园子都还不是严格意义上的园林，只能称其为庭院。清华大学建筑学院教授周维权在他的《中国古典园林史》里说，园林是为了补偿人们与大自然相对隔离而人为创设的"第二自然"，也即人工的自然。既是人工的，也就处处体现着人心。在世界园林中，中国古典园林堪称杰作，在这一杰作里，中国古人的精神诉求是什么呢？

我们先来看一个外国人的观感。

17世纪末期，法国国王路易十四派遣了第一批耶稣会传教士到中国。其中有一位叫 Louis le Comte，他发现：在法国，城市曲折多变，而园林则方正开阔；而中国恰恰相反，城市方正，秩序井然，而园林却是曲径通幽。

在方晓风主编的《中国园林艺术》一书里，有专家分析了个中原因："欧洲的城市不是按规划修建的，而是随着历史进程慢慢生长而成的，必然曲折多变。而其园林力图强调君王或主人的征服欲和权力欲，因而采用几何式的布局。中国在大部分时间内都是一个统一的大帝国，古代中国的城市往往是一个地域的政治中心，依据相应的等级规划修建，因此秩序井然。而园林是官员、文人甚至帝王试图摆脱等级和日常规范约束的所在，寄托着人们重视心灵自由的愿望，故而呈现出了丰富生动的姿态。"

若用一句简单的话概括，即：中国的都城乃至住宅对称匀齐、一正两厢的布局，在很大程度上是儒家伦理观念的物化。而曲径通幽的园林，则更多表达了道家崇尚自然、超然物外、返璞归真的理想。原来一切都没有脱离中国传统哲学思想的影响。

居所与园林的角色定位，颇像一个人的两面：一方面需要严谨、板正、秩序的制约，另一方面不能没有自然、纵情、独立的自由。这是用追求自然来消解禁锢。智慧、中庸的中国人就是这样在儒释道中寻求平衡。理解了这一点，就理解了中国古典园林所体现的精神诉求。

苏州有诸多名园，其中有一个拙政园。拙政园是明朝御史王献臣官场失意后回乡营建的，园名取自晋朝潘岳的《闲居赋》，潘岳即史上著名的美男子——潘安。《闲居赋》也是潘岳厌倦官场、归隐田园之作。"拙政"出自拙者之为政，喻为浇园种菜就是拙者的政事。当仕途不得意时，回归自然，在自然中怡情陶兴，这几乎是中国士人必定的精神之路。

中国人希望有怎样的自然？在拙政园的西部有一处别致的扇面轩，名曰"与谁同坐轩"。题名出自苏轼的词《点绛唇》："与谁同坐。明月清风我。"扇面轩三面敞开，面水而立，一张几，两把椅。月夜风清时，独坐其间，何等意象？天人合一。

"天人合一"可谓中国人所希冀的人与自然关系的终极愿望。为了达到这样的目标，古代文人发挥了决定性的作用——借用文学、艺术、绘画的创作理论和手法来创设园林这个"第二自然"，并对这个自然立了一个最高标准："虽由人作，宛自天开"——这其实也是天人合一，是形式上的天人合一。

从精神到形式都追求天人合一，这样的园林不能不是杰作。

我们继续以拙政园为例。拙政园东南，沿花墙曲廊前行，是如折扇般徐徐展开的听雨轩。小轩四面开窗，轩前是一泓池水，池面缀以红蓼绿荷，池边有几丛翠竹。轩前轩后，透窗望去，则是芭蕉蓬蓬。当雨来时，静坐在轩内听吧：雨打芭蕉，雨滴荷叶，雨落池水……这是一种怎样的雨意？蕉荷幽梦雨潇潇。此时无论是焚香抚琴，还是品茗对弈，都是诗情画意。

　　清人张潮在《幽梦影》里说:"文章是案头之山水,山水是地上之文章。"确实,一处建筑、几种植物、一石、一水,便可营造出一片天人相融的世界,这样的哲学思想、造园艺术,便是中国古典园林留给我们的佳作。

2014 年 6 月号

"谁的园林最美"

倦勤斋罩槅板面回纹格中的和田玉镶嵌，可以照出人影。（摄影：王凯）

乾隆和他的倦勤斋

4月的北京，杨柳泛绿，游客熙攘。我也不枉这大好春光去了一趟故宫，为的是去看一眼这阵子我们成天念叨的倦勤斋。那是自光绪帝后就被尘封的乾隆的书房兼休憩之地，100年后，正在大修，准备重见天日。

倦勤斋，顾名思义就是倦于勤务、倦于朝政之地。听起来，很有点倦鸟归巢的感觉。实际情形似乎也如此：乾隆25岁登基，随后便焚香告天说，皇祖御极61年，自己不敢相比，若能承蒙上苍眷顾，执政60年，就传位与皇子，归政退闲。到了乾隆三十五年（1770年），已经60高寿的乾隆帝又郑重宣布：在位60年后，将禅位给儿子。为此他特意下旨要给自己预备一处归政后"优游颐养"之所，而且说干就干，至 1776 年，乾隆退闲后的尊养之所宁寿宫的改扩建工程即告完成，而倦勤斋——位于宁寿宫乾隆花园最北边的一幢建筑也就此诞生。

倦勤斋与珍妃井仅一门之隔，不过它可没有珍妃井的名气大，也没有恢宏的气势与博大的体量，仅是一排面阔九间的二层小楼。因为正在修缮，进到里面后，更看不出其应有的奢华。但是，就像大音希声、大智若愚一样，这里其实是大华若朴。在此略举几例：比如在罩槅板面的回纹格心里，用和田玉作镶嵌物；比如用细如毛发的竹丝镶嵌造型；比如在木柱、木檐上用漆綦成竹纹效果；比如用双面绣作夹纱……倦勤斋的内装修可谓不惜工本，精益求精。

我在约略 200 平方米的倦勤斋里流连，其实是想透过蛛丝马迹，看到乾隆的内心世界。乾隆无疑是喜欢江南风韵的，因为倦勤斋的内檐装修，从材料的选择到制作的手法，都具有浓郁的江南风格，并均出自江南工匠之手。这从他为帝 60 年六下江南的"壮举"中也可知晓；乾隆无疑也深受汉文化、儒教思想的浸淫，否则他也不会如此看重书房，并在他众多的有着各种用途的居所里都分别设置一处，然后在书房里摆置各种书画、珍玩。据嘉庆时编纂的《倦勤斋陈设档》记载，

　　　　　　　　　　　　青史有意

当时这里有珍玩 1739 件！这完全是文人士大夫的习性。

通常来说，书房是藏书、读书、把玩珍宝兼具会客之所，而藏品一般人大多不愿示人，因此书房可以说是文人士大夫一个最宠爱最私密的空间。所以能够进入书房的客人，通常不是以尊贵与否而论，而是以交情的深浅来定：普通客人来了，进大客厅；好友来了进小客厅；私交极深的才会被请进书房。而倦勤斋就是喜欢风雅的乾隆给自己专门设置的一个私密空间：不理政、不安寝，只是独自休憩玩味。然而与他深爱汉文化形成鲜明对照的是，有着士大夫风范的乾隆，却对汉文化抱有高度的警惕，其程度超过了清代其他帝王。比如乾隆朝的文字狱，就比康雍两朝苛严得多。

倦勤斋的西四间，设有一座面东的室内小戏台。戏台的西墙、北墙及顶棚是一幅通景大画。棚顶是一片高大的藤萝架，藤萝花朵朵，栩栩如生。这是在宫廷画师意大利人郎世宁西洋绘画技法影响下的结果。郎世宁给乾隆包括他的皇后、妃子画过诸多画像，可见乾隆对西方文化的欣赏，但是不可思议的是 1793 年，当英国政府派出的马戛尔尼使团借祝寿的名义前来拜访希望中英通使、通商时，乾隆却表现出了对西方不容置疑的拒绝。看来欣赏西方文化的乾隆对西方也保有高度警惕，而警惕的结果是导致了中国日后落后挨打的命运。

身为皇帝的乾隆，曾写过这样的诗句："失者何必愁，得者何必喜。我愿世间人，平等观如是。""持竿不为贪鲈鲙，天水空明万虑消。"看来乾隆也颇愿淡泊功利，他一再声明的归政，似乎也是这种心境的表白。但是具有讽刺意味的是，直至嘉庆即位，当了太上皇的乾隆也没有真正地禅让，"归政仍训政"。于是倦勤斋这个他精心设计的归养之所、优游之地，从建成到他归西的 23 年里，有据可查的是，他只去了 8次。这就是一个皇帝的诺言。

站在空空荡荡的倦勤斋里，我似乎看到了一个矛盾体：一方面是处处以"朕即国家"自居的乾隆，一方面是内心里有无数风雅之梦的乾隆。最终皇帝战胜了诗人，倦勤斋也就只能落得个被冷落的境遇。好在，它终又被人想起了，这时再看倦勤斋，它是那样地富有艺术情趣，处处闪耀着中华民族的科技智慧。而这是那个风雅乾隆给我们留下的遗产。

2008 年 5 月号
"倦勤斋：乾隆的最后一梦"

向谁去致敬

但凡到苏州的人，很少有不逛苏州园林的；来首都北京的，也没有不进故宫的。因为它们那无与伦比的美丽。但是它们是谁建造的？却少有知情者，更鲜有追问者，也缺乏记录。不唯它们，几乎所有古典建筑都如此，于是一个"无名氏"就都替代了。当然，也有例外的幸运者，比如香山帮建筑群体的代表人蒯祥。

蒯祥是天安门的前身承天门的设计与建造者，明时故宫三大殿的营建以及重建者。按理说他应该名垂千古。但是，却没有。仅在他的家乡，江苏吴县的方志里有寥寥数言。另在《明宫城图》中，有他的画像。没有名声，使蒯祥留在老家的故居也难保，它们因被划入太湖旅游度假区而遭到拆迁的境遇。蒯祥后人愤而上书，得到的回答却令人哭笑不得：因为蒯家老宅没有挂上"文物控制保护区"的牌子。之所以没有挂，是因为不知道。现在知道了，为时已晚，因为地都卖了。

香山帮还有很多传人，他们的成绩虽然没有先祖辉煌，但也足够载入史册。比如在后来修复苏州园林时立下汗马功劳的那些人。如果没有他们，很难想象苏州园林能成为世界遗产。但是要查找他们的名字，却极其不易。

如果说上述事实令人颇感遗憾，下面的事就叫人很难理解了。因为它发生在赫赫有名的同济大学建筑系。

因 2002 年上海美术双年展，上海美术馆副馆长张晴和同济大学有了渊源。同济大学的红楼里摆放有八件精致的古建模型，张晴每每去同济大学，都要拐去看看。2006 年又一次双年展来临时，张晴决定以"超设计"的名义，将它们放置在上海双年展上展出。"这些模型并不仅仅凝聚了一两个工匠的技艺，而是象征了中国历代工匠心手合一的绝唱。"张晴在他的追忆里说。参展作品都有作者署名，但这八件古建模型却不知出自何人。于是张晴展开了为期两个多月的寻访和考证，结果是这样的：它们都是香山帮匠人徐永甫及其徒弟徐和生的杰作。二徐是 1952 年由古建筑和古园林专家陈从周先生请进学校专做模型的。

　　张晴寻找答案的过程颇具意味：张晴找到了陈从周当年的学生阮仪三，阮先生只记得徒弟的名字；张晴又找到与徐和生一起工作过的戴复东院士，戴当年是陈先生的助教，负责规划和设计，徐负责制作，但是戴也不记得老工匠的名字；张再找到在建筑系工作了几十年的党委书记，书记也一样想不起来；最后，老工匠徐永甫的名字是在同济大学的徐和生的档案里"破案"的。同济大学诸人对徐永甫的集体失忆，与他们对二徐作品的一致称道令人感慨。这被忽视与被重视的背后说明了什么？

　　徐和生的技艺不仅表现在手巧上，而且还是个能神会的人。比如常常是戴复东图纸还没画好，徐就把模型做出来了，而且竟与图纸完全契合；他去北京，站在雍和宫下看了半个小时，回来就把雍和宫的模型做出来了。这是徐和生留给同济大学的佳话。但这样的大工匠的结局却出人意料。据报道，"文革"期间，徐因拒绝用钉子制作古建模型受到了不公正对待，遂用一根撑帐子的竹竿，插进了自己的喉咙。该报道的作者很有想象力，说徐是用榫卯结构的方式结束生命的——

喉咙和竹竿就像一榫一卯。他不仅用生也用死维护着中国古典建筑的尊严。

　　除了那八件古建模型，不知徐和生还留下了哪些作品。而面对那一件又一件无名氏的作品，我只能向古往今来所有的大工匠们致敬。无论是粉墙黛瓦，还是红墙琉璃瓦，那用榫卯凝结而成的大屋顶，那稳重而不失灵动的大屋顶，都像一首诗，告诉人们什么是中国。

2008 年 9 月号

"寻找原版紫禁城"

由蒯祥设计建造的承天门是明朝紫禁城的象征。中国国家博物馆藏有一张《明宫城图》，上面绘有蒯祥画像，以表彰其对承天门设计的业绩。承天门后来毁于大火，现在人们见到的是清朝时重建并更名为"天安门"的城楼。

正定天宁寺凌霄塔巍峨高耸，直插云霄。塔身一至四层是宋代在唐塔残址上重修，全砖结构；其上各层则为金代重建，砖木结构。历史的叠压如此醒目，却又如此和谐。塔心室中一根木质通天柱，用放射状的八根扒梁与外檐相连，犹如支开的伞骨，这样的结构国内现存仅此一例。（摄影：王凯）

让我看见历史

20世纪90年代初，我去河北省府石家庄采访。当时的石家庄市给我留下的印象是缺乏历史。一条条横平竖直的大马路，和一座座方正如火柴盒的大建筑，构成了城市的主体街景，宛如一碗白开水。

石家庄市的历史确实不长，不过百年，然而就在它北边15公里处，竟静立着一座有着两千多年历史的古城——正定。一个百岁之城，管辖着两千岁之城，在这个年轻的当家人眼里，正定是老而无用还是老而弥珍？最新的消息是，2013年，石家庄市宣布，要用三年的时间，基本恢复正定千年古城的历史风貌——看来，是把它当作宝贝了。

这些年，众多拥有古城之宝的城市，都纷纷出笼了类似的规划和决心，而大多数的结果是，在所谓"修旧如旧"的口号下，矗立起来的是一堆仿古建筑。弃之可惜，留之无味。

正定历史风貌应该怎样恢复？其实到古城里转一圈，就会有答案。抑或登上城墙，凭栏远眺，那些点缀着正定最美丽的天际线的佛塔，也是范本。

正定古城内现存四座佛塔，每一座塔，几乎都有被毁坏和重修的历史。然而每一座，又都刻满造塔人和修塔人的故事，沧桑而美丽。

四塔中，最高大的是41.58米的天宁寺凌霄塔。这是一座下砖上木、砖木结合的佛塔。因其为半木结构，故又称为木塔。在中国，现存的半木结构的古塔，仅有正定和甘肃张掖两处，而正定的年代又早许多，其始建于唐。

确认凌霄塔为唐塔，因为它的地基是用素黄土夯筑的，而这种做法，为唐代所习用。不过如果仅有此一物证，还不足以断代。

佐证凌霄塔身份的，还藏在塔里。在它的塔身第四层中心，竖立着一根由九条圆木捆绑在一起、直通塔顶的巨大束柱，它被称为塔心柱，塔心柱式曾是唐代以前建塔的主要样式。建筑学家罗哲文先生在《中国古塔》一书中说，这种结构为中国现存建筑学上的孤例。

时隔千余年，我们还能看到木构建筑的孤例，不能不说是一种奇迹。而奇迹的发生，就在于后人对前人基业的尊重。

北宋时，凌霄塔中心柱朽坏，致塔身倾斜。众多工匠对此一筹莫展。这时寺里有一位身怀绝技的和尚怀丙，经过仔细观察、研究，精心计算、测量后，他做好一截替换的木柱，神奇般地将朽木换掉，解了塔身之危。人曰"偷梁换柱"。顺便说一句，怀丙并不是传说中的人物，而是北宋那个大名鼎鼎的用浮船法打捞万斤大铁牛的工程家。如果没有怀丙，或者说怀丙懒一点的话，干脆在塔心四处多立几根柱子，兴许也能解决问题。但是，那样，我们就看不到这一绝世孤品了。

凌霄塔并不是不坏之身。千百年来，时毁时修。这从它的外观上也可发现：塔身一至四层为宋代在唐塔残址上重修，其上各层则为金代重建。所以在结构形式上，是一塔三样。庆幸的是，无论是谁来重修，它都没有被推倒重来过。不同时代的建筑，却结合得完美无瑕。

以上所述均非妄言。1966年，邢台发生大地震，凌霄塔的塔刹被震塌，七层以上损毁严重。1981年，河北省文物部门决定落架重修，重修前，先对天宁寺进行全面勘察。结果铁证出现了——在深埋于塔下的地宫里，发现了至关重要的文物：一个仰莲状的半圆石函，石函之上，还安放着一个长方形小石函。打开仰莲状石函的圆盖，里面还藏着一个如斗状的石函，石函上的铭文赫然可见："唐代宗朝建塔……"

根据铭文可知，仰莲状石函是金正隆六年（1161年）所放，长方形石函为宋崇宁二年（1103年）之物，三个不同时代的石函同处一室，说明了凌霄塔的身世。

一座塔经过历朝历代的重修，每次重修却都能保留下前朝的风格，一座塔就让我们看见了历史的演变。这种看得见历史变迁的修复，才是尊重历史、尊重原貌的态度。

写到这，我的眼前浮现出了正定的标志——隆兴寺大悲阁里的大悲菩萨。始建于隋的隆兴寺，被誉为京外第一名刹。而大悲菩萨像，是中国现存最高大的古代铜铸站立式佛像。它高19.2米，立于2.2米高、直径4.8米的仰莲座上，除胸前合十的一双手臂外，身侧各有20只手臂。42臂铸为铜筒，雕木为手，其上裹布，一重漆，一重布，然后再用金箔贴成，工艺繁复。遗憾的是，后来两侧的20只手臂均遭毁坏。20世纪40年代，重修大悲阁，人们又给它安上了那

40只手臂。于是前后工艺的差异，一览无遗。第一眼看见它们时，我不禁哑然失笑，但是，那又怎样？即便它不如原初那样尽善尽美，但比艺术水准更重要的不是历史的真相吗？

所以我期待着正定千年古城历史风貌的再现。它能让我看见历史吗？

2014年5月号
"正定：一座县城的千古之美"

我夜坐听风，昼眠听雨

落笔之前，一直想写的是考古与文明的关系，但思絮却像断了线的风筝，不停地飘飞，脑海里不时浮现出许多我认识的考古人。

第一次接触到考古这两个字，是因为一桩婚姻。大学毕业时，同宿舍的一位同学嫁给了同校历史系考古专业的一位男生。那位男生是她父亲的学生，所以这桩婚姻在同学间流传时，就很有点浪漫味道。因为谈恋爱，她常常晚归，我的床就在她对面，因为眠浅，她回来时，尽管蹑手蹑足，我还是会醒。朦胧的月光里，依稀能看见她宁静恬淡的面容。

大约工作刚两年，就传来一个坏消息，说她得了洁癖，整天不停地洗手。春节休假回老家时，我去看了她。只见她坐在床沿，两手始终托着，除此之外，再无异样。当时不敢问她的病因，隐约听说是跟着她丈夫去了考古现场，见了什么可怕的东西。她丈夫我见过一回，很俊伟的样子，很专注于事业。记得当时心里很不是滋味，心想，不知他俩是谁耽误了谁。

2005 年去陕西采访，走访了几处考古队。第一处是秦阿房宫遗址。社科院考古所的李毓芳老师带着我们去看现场。遗址在西安的西郊，一路上的感受就是"走在乡间的小路上"。李老师大约已过了退休年龄，但依然精神抖擞，大步流星。走着走着忽然对着一处空地说："看，这就是当年的秦瓦。"我眼睛一亮，然后定睛一看：呵，一地碎瓦。

阿房宫与秦皇陵、长城、秦直道并称为秦始皇的"四大工程"，在古文献里，它给人留下的都是高大、恢宏、壮丽的印象，堪称中国古代"第一宫""第一殿"，但是当李老师站在一处巨大的夯土墙前说，这就是阿房宫前殿基址时，我仰头看看，用手摸摸，横亘于眼前的就是一个实实在在的大土墙，想起杜牧《阿房宫赋》中"五步一楼，十步一阁；廊腰缦回，檐牙高啄"的描述，以往构筑的所有美丽图景，都在现实前坍塌。

午饭是在考古队吃的。那是一个租来的农家院子，吃的、住的、用的都简陋之极。"这已经很好了，比在野外搭帐篷强多了。"李老师说。独处异乡、风餐露宿、土墙碎瓦、棺木尸骨，这就是与考古工作者日日相伴的生活，除了艰辛，没有浪漫——如果什么名堂也没挖出来的话，那就又多了几分失落。阿房宫遗址最后的研究结果是：阿房宫前殿没有建成，阿房宫更无从谈起，火烧阿房宫之说纯属虚构。

2007 年，我结识了曾在青海考古所工作了 19 年的的汤惠生老师，嗣后，他给我寄来了他的著作《考古三峡》。闲来我便翻翻，读了便有感动。考古工作者的情怀，会一点一点地从字里行间读出来。1999 年，他们在武陵陈家坝大地嘴挖出了一处唐宋时期的居住遗址，从中出土了很多瓷片。修复瓷器的第一步就是对瓷片。下面是书中的一段文字："对瓷片既是工作又像游戏，一旦两件瓷片对在一起，那种感觉很容易让人上瘾，到最后恨不得在饭馆吃饭时，把人家的碗打碎了再对起来。"对瓷片会上瘾，拿手铲也会上瘾的。"田野考古的所有精妙，就在于用手铲去感觉过去。"汤老师说。

"我夜坐听风，昼眠听雨，悟得月如何缺，天如何老。"这是戴望舒《寂寞》里的诗句，把它用在考古工作者身上很合适。

2009 年 10 月号
"中国百项考古大发现专辑"

舒适是一种奢侈

8 月 7 日甘肃省舟曲县爆发的强泥石流，至今让世人瞩目、牵挂。那天当电视屏幕上出现舟曲县城的画面时，我心里咯噔了一下：县城建在这种地方！典型的高山峡谷嘛，难怪啊。我不是地理学家，但是仅凭一点皮毛的知识我也知道，这样的地方不宜居住：所谓两山夹一嘴，中间必有水。

其实在中国西部，这样的县城很多。2005 年，我从成都走川藏线进藏，沿途就见了不少。比如雅江、康定。记得在这两处停留时，我很惊讶于县城的逼仄。心想，东西两边都被大山夹着、压着，人们只能在一条狭长的地带里活动，多压抑啊。"跑马溜溜的山上"的浪漫幻想，被眼见的现实打碎。而当时尚未想到还有泥石流的隐患。

青史有意

先民们为什么会选择这样不安全的居址呢？我有些疑惑。住在哪里是需要费思量的。我想了想：住在山顶上？那不好。没有平坦、开阔的用地，交通不便，取水不便，四面受风，孤立无靠。除了居高临下，没有一点好处。可如果住在接近山脚的坡地或台地，就有山可靠，有险可依；有地可耕，有水可用。前者是为防御侵略者考虑，后者是为生产生活着想。那么放眼四望，也只有选择住在峡谷、河谷地带。至于泥石流，几十年、几百年一遇，还是可以先忽略不计的。

可见住在哪里、怎么住，很难依主观愿望而定。

前些年，我曾走访过黔东南，当汽车在蜿蜒的山路上盘旋时，只见一幢幢吊脚楼，掩映在远处的群山花木中，层层叠叠，如诗如画般，很是迷人。后来有幸近观，又亲临一户路过的苗家，发现现实真是残酷。

所谓吊脚楼，是楼房依山而建，后半边靠岩着地，前半边以几根木柱支撑，全部为木材搭建。三四层高的楼屋，上层储谷物，中层住人，下层围棚立圈、堆放杂物和关养牲畜。

"田园"一词，从字面上看，一派诗意。但在现实中，却意味着雨天的泥泞、晴天的灰尘，鸡鸭遍地，蚊虫叮咬。试想一下，当时我们就是从这样的田埂小道上走过，然后观赏一下吊脚楼下栏圈里的猪羊，踩着历经岁月变得有点歪斜和颤抖的楼梯，进入光线差强人意的木屋，迎面是一个背上背着孩子，手里拿着锅铲的少妇。生活的平常与艰辛，就这样扑面而来。

为什么不把房子建在平地？因为平地金贵，要用来种农作物；为什么要依山而建？因为可以节约材料；为什么要把猪羊圈养在家里？因为饲养、取肥方便。生活里有着种种现实考虑，所以，怎么住有怎么住的道理，每一种民居的设计，不是为了看上去很美，而是为了在现有条件下的合理。这让我想起不知从哪看来的一句话：中国传统民居是"没有建筑师的建筑"。其实建筑师是有的，只不过这个建筑师名叫"生活"。

在做这一期民居专题时，我们曾问许多人一个问题：什么样的民居最宜居？最特别的回答是清华大学李秋香老师，因为她否定了这个问题，她认为没有"最宜居"。虽然很失望，很遗憾，但是我不得不承认她的观点符合客观事实。

原建设部副部长周干峙先生的观点是：舒适。可是怎样才算舒适呢？舒适是个极具主观性的标准，而且会随时代而变：比如，当你是无房户时，有一间哪怕像筒子楼那样的房间，你都会满心欢喜。当你住进筒子楼后，你就会希望房间里能有厨房、卫生间就好，哪怕是与人合住；当你住进合住房真的与人共享厨房和卫生间后，你又会为没有隐私而苦恼；上帝真的很眷顾你，让你住上塔楼，拥有一套独立单元房时，你才发现，原来房间的朝向是那么重要。哦，天哪，你的命实在太好了，你终于摆脱夏日的西晒和冬日的北风，住上了南北通风的板楼！但是，要命的是，当你坐在有着鲜花、鱼缸、摇椅和充满阳光的落地窗前时，你却发现对面的楼房离得太近了。写到这里，大家都发现了吧，舒适与住宅的客观条件有关，与个人的主观欲望也有关。因此，舒适其实是一种奢侈，是否舒适，就看住的人如何看待了。

2010 年 9 月号
"民居：合理万岁？"

慢的收获

我第一次乘火车是在 32 年前，从福州到厦门，坐了整整一天一夜。而今的福厦动车，全程 276 公里，用时仅 1 小时 50 分钟！

当年火车之慢有其原因。从 1949 年到 20 世纪 80 年代，福建一直属于对台前线，1953 年中央决定在福建修鹰（潭）厦（门）铁路时，首先是出于国防战备和经济的需要，因此火车没有选择今天动车沿福建东南沿海的线路，而是沿武夷山、戴云山然后经九龙江流域，到达厦门。这条铁路通车后，又在南平市来舟镇南侧的四等小站外洋站处，修通了一条向南接通福州的支线——来福铁路，于是但凡坐火车从福州到厦门的旅客，都要先绕行西北，然后再往西南、东南。这一绕，路程便长了许多，路况也险恶了许多，速度自然快不起来。

不过险恶不都是坏处，慢也有慢的收获。火车慢了，窗外的景色便历历在目。

因为是第一次出门远行，一路都装着忐忑与不安。但当火车吃力地爬行在闽北、闽西那无尽的丘陵、山地、溪谷间时，家乡的风光让我紧张的心得到了稍许的放松。南方气候温润，故而也把南方的山滋润得植被茂密，青翠欲滴。遇到火车爬坡、几乎被两山夹着穿行时，山壁上的草木几乎触手可及，有时真的会有几枝淘气的枝桠伸进窗来，让人想起那"一枝红杏出墙来"的诗句。

从此就这样乘火车来来去去，与福建的一座又一座大山擦肩而过。崇山峻岭里，总会有清清溪流，那水清澈得仿佛可以看见水底里游动的鱼儿。溪流不断地汇聚，当火车折向东南时，也进入由众多溪流汇成的九龙江流域，此时车窗外的景色是水多了，田多了，躬身农活的人也多了。

九龙江是福建省第二条大河，九龙江边龙海县榜山镇的洋西村，历史上还曾发生过一件影响中国的大事。

那是 1963 年，漳州市遭受特大旱灾，为使漳州平原的十几万亩良田能及时插秧，龙海县决定在九龙江筑坝堵江，截流引水，于是洋西村大队为大家舍小家，淹掉自己的千亩良田。此事后来被改编为革命样板戏、现代京剧《龙江颂》，在1972年以后风行全国。

当年我曾是样板戏迷。迷恋的人物有《红灯记》里的李铁梅，《杜鹃山》里的柯湘，还有就是《龙江颂》里的村党支部书记江水英。江水英的招牌形象是齐耳的短发，还有脖子上围着的一条雪白的毛巾。至今还记得她开导为此而想不开的大队长李志田时说的话："你向前看（登上一个土坡）！你再向前看！"有了这样的背景铺垫，每每车经龙海县境时，我都会多看它两眼，在心里回想一番。

不过，当时不知道的事是，江水英的原型是男的，名叫郑饭桶。而李志田的原型叫邓流涎。两人当时其实都是抗灾英雄，但是当《龙江颂》风靡后，两人的命运却是一个在天上，一个在地下了——郑饭桶变成"龙江精神"的代表，被光芒照耀；而邓流涎却被撤了职，成为落后形象，屡遭批斗。从此一个自信满满，一个木讷寡言。

后来我频繁乘坐的是福州到北京的T45/46次列车。那时的京福线和现今的线路不同，它走鹰潭，过上饶，经衢州、金华、诸暨、萧山、杭州后进入安徽，然后折向南京，入山东，到河北、北京，全程 2400 公里左右，费时 44 个小时。

两天两夜的旅程实在漫长，常常坐得下了车后一两天，耳朵里还都是"咯噔、咯噔"的声音。线路之长，使乘客都极其珍视列车靠站的几分钟时间，大家纷纷下车活动手脚，换换空气，买点特产、小吃。有个别站会停靠十来分钟，硬座车厢的人就会利用站台的水池刷牙、洗脸。

那时的物品供应还颇为短缺，于是金华的火腿、南京的咸水鸭、德州的扒鸡、沧州的金丝小枣，都是最好的返乡礼品。

我很喜欢听列车催促旅客上车的信号——有时是打铃，有时是哨音，"嘟嘟"的，锐利而悠长，像大人着急地呼唤孩子回家。还喜欢听夜半更深时，列车到站后列车员的轻语声。他们在车下忙着给列车加水，备货，检修车辆，或者指点下车的乘客出站的方向。这样的时候，我偶尔会愿意从床上起身，坐到窗边，看着被昏黄的灯光笼罩的站台，看那些人影，走近，走远。有的刚离家，有的正要回家。若是在冬日，甚或会下车，去呼吸北方夜空里的冷气，看大雪和黑夜怎样作诗作画。

再后来，京福线行程缩短了，从 44 到 36 再到 19 个小时，据说开通高铁后，福州到北京只要 7 个小时。两地间的通行时间无疑大大缩短了，但旅程的内容也会随之苍白许多吧。现有的 Z59/60 次列车，全程就仅停靠鹰潭和武夷山两站。

如今我已久不坐火车，但是曾经有过的漫长旅程，却已沉淀为人生珍贵的记忆。有人说，人生就是一列由生到死的火车。那么乘快车的人，这一辈子的起点和终点之间，就只有几个大站。所以他的记忆里没有纷繁的风景，他的人生也就显得短暂、苍白。而踏上慢车的人，不错过每一个小站，可以在慢的行程中收获苦乐酸甜。仅仅从这个角度想，无论怎样，生活里也不能只有快车，没有慢车。

2011 年 7 月号

"火车走了"

　　　　　　　　　　　　　　青史有意

感谢中国国家图书馆、中华珍宝馆提供本书部分图片

图书在版编目（CIP）数据

青史有意 / 黄秀芳著. —北京：北京联合出版公

司, 2018.7

ISBN 978-7-5502-8736-5

Ⅰ.①青… Ⅱ.①黄… Ⅲ.①中华文化－通俗读物

Ⅳ.①K203-49

中国版本图书馆CIP数据核字(2018)第040643号

青史有意

作　　者：黄秀芳
策　　划：北京地理全景知识产权管理有限责任公司
策划编辑：马晓茹
责任编辑：宋延涛
特约编辑：赵云婷
图片编辑：贾亦真
营销编辑：李雪洋
装帧设计：何　睦　王喜华
制　　版：北京书情文化发展有限公司

北京联合出版公司出版
（北京市西城区德外大街83号楼9层　100088）
北京联合天畅发行公司发行
北京中科印刷有限公司印刷　新华书店经销
字数 164千字　787毫米×1092毫米　1/32　印张：10.5
2018年7月第1版　2018年7月第1次印刷
ISBN 978-7-5502-8736-5
定价：68.00元